KB089040

사회보장론 입문

SOCIAL SECURITY: An introduction to the basic principles by Danny Pieters

Copyright © 2006 Danny Pieters

All rights reserved.

This Korean edition was published by SAHOI PYOUNGNON PUBLISHING CO., INC in 2015
by arrangement with Danny Pieters through KCC(Korea Copyright Center Inc.), Seoul.

사회보장론 입문

대니 피에터스 지음 | 김지혜 옮김

사회평론

사회보장론 입문

2015년 10월 8일 초판 1쇄 찍음
2015년 10월 22일 초판 1쇄 펴냄

지은이 대니 피에터스
옮긴이 김지혜

펴낸이 윤철호 · 김천희
펴낸곳 ㈜사회평론아카데미

편집 이선엽 · 고하영
디자인 김진운
마케팅 하석진

등록번호 2013-000247(2013년 8월 23일)
전화 02-2191-1182(영업) 02-2191-1133(편집)
팩스 02-326-1626
주소 121-844 서울특별시 마포구 월드컵북로12길 17(2층)
이메일 editor@sapyoung.com
홈페이지 www.sapyoung.com
ISBN 979-11-85617-56-5(93330)

서문

1993년에 처음으로 '사회보장 기본원칙 입문서(Introduction into the Basic Principles of Social Security)'를 출판하자는 과감한 기획을 했다. 이 기획은 상당히 성공적이었다. 꽤 많은 대학교와 사회보장대학에서 사회보장을 가르치면서 이 책을 사용하였다. 네덜란드어, 리투아니아어, 우크라이나어, 아르메니아어, 아제르바이젠어, 조지아어로 번역되기도 했다. 우리는 사회보장의 최근 경향과 발전을 반영하고자 초판을 개정하기로 하였다. 이 기회를 빌어 독자들이 다소 어렵다고 느꼈던 부분들을 명료화하는 작업도 함께 하였다. 새로워진 이 책이 종전에 초판을 참조하던 독자들의 요구를 만족시키는 동시에, 차세대 사회보장학자들에게도 사회보장에 대해 이야기하고 생각할 수 있는 통일된 언어와 체계를 제공할 수 있게 되기를 바란다.

이 사회보장 기본원칙 입문서를 사회보장의 모든 측면을 망라하는 저서로 만들려고 하지는 않았다. 그보다는, 어느 사회보장체계의 구조와 발달에서나 발견되는 개념과 원칙, 대안과 기법들에 대해 간단히 골격을 제시하는 것을 목표로 한다. 이 책에서는 사회보장이 구현되는 다양한 방식들을 고려해야 했다. 그렇기 때문에 이 책에서 서술하는 내용은 사회보장이라는 주제에 관한 일종의 '메뉴' 같은 것이다. 부문별로 하나의 사회보장체계를 만드는 데 고려할 수 있는 다양한 대안들을 제시할 것이다. 사실 그 메뉴 중에 어느 한 가지를 우리가 골라 주지는 않을 것이다. 왜냐하면 그런 선택은 각국의 독특한 특성, 정책결정에서의 우선순위, 시간과 장소에 따라 서로 다른 선호 등에 따라 결정되는 것이기 때문이다.

사회보장 기본원칙 입문서를 쓰겠다는 생각은 학문적인 이유와 실용적인 이유 모두에서 시작되었다. 상이한 사회보장 경험을 가진 학생들에게 통일된 용어로 사회보장과 사회보장법을 가르칠 수 있는 도구를 마련하고 싶었다. 동시에, 장기적으로 사회보장의 '보통법(*ius commune*)'과 같은 것을 만들고자 하는 꿈을 법률가로서 가지고 있었다. 우리가 초판에서 이미 말했듯이, 그러한 '보통법'을 구성함으로써 사회보장법이 법의 한 분야로 온전히 자리 잡는 데 기여하게 될 것이다. 또한 비교사회보장법을 과학적인 학문 분야로 발달시키고 유럽의 법 영역을 점진적으로 통합시키는 데에도 기여할 것이다. 이 개정판의 발간은 이렇게 어렵고도 아직 위험이 많은 영역의 시작을 알리는 시도가 될 것이다.

사회보장에 관해 추상적인 입문서를 쓰는 이 위험한 작업을 하는 또 다른, 사실 더 직접적인 이유가 있었다. 이 책을 통해서 사회적 보호 구축이 전반적으로 문제된 국가들, 주로 과거 권위주의적 공산주의 체제가 붕괴된 여파로 그렇게 되었던 나라들에 도움이 되고자 하였다. 중부유럽과 동유럽에서 민주주의 혁명이 있은 후에 실제로, 우리가 할 수 있는 몇 가지 방법으로 그 국가들의 체제 전환을 도우면서, 이 맥락에서 사회보장으로 구현되는 조직화된 연대방식을 재평가하는 작업을 도우려고 했다. 우리의 목적은 어떤 특정한 국가의 사회보장체계를 유일한 모델로 따르도록 하려는 것이 아니었다. 하지만 안타깝게도 많은 서구국가의 정부와 행정기관들이, 또 사회보장기구들이 그렇게 하는 것이 소명이라고 생각했다. 개혁을 향한 그들의 열정은 의도는 좋았을지 몰라도 결과는 좋지 않았고 동유럽과 중부유럽에서 이미 그 조짐이 드러나고 있다. 우리는 이 책이, 자국민을 위해 사회보장의 확대와 발전을 모색하는 모든 신생국가들에게 도움이 되는 책으로 남길 바란다.

사회보장에 대한 추상적 입문서를 제공하려는 것이 목적인만큼, 이 책에서는 추상적인 골격을 개략적으로 그려주고 그 안에서 구체적인 사회보장제도를 조망할 수 있도록 할 것이다. 다만 그 전에 몇 가지 점을 주의해야 할 것이다.

우선 가장 중요한 것은, 저자의 전문분야는 유럽의 사회보장체계라는 사실이다. 사회보장이 유럽을 중심으로 나타난 현상인 것은 사실이지만 아시아, 호주, 아프리카, 북아메리카와 남아메리카에서도 모두 유럽과는 다른 사회보장체계의 발달을 경험했다. 우리의 지식이 미치는 한 그러한 사회보장형태에 대해서도 본문에서 다룰 것이다. 그럼에도 불구하고 이 책에서는 대부분 유럽의 사회보장체계를 염두에 두고 있다.

추상적이면서도 **동시에** 간결한 사회보장 입문서를 쓴다는 것은 위험한 시도이다. 주제를 고를 때도 그렇고, 다양한 대안을 제시하고 설명할 때에도 그렇고, 많은 선택을 해야 한다. 주제와 그 하위구성을 선택하면서, 우리는 사회보장체계의 구조에 초점을 두기로 했다. 따라서 법적인 철저함을 추구하지는 않으면서도, 상당히 법적인 내용을 사회보장법에 국한하지 않고 설명할 것이다. 이로부터 대략 20개의 주제를 추출했다. 그리고 각 주제에서 다루는 내용을 거의 같은 분량의 지면 내로 제한하려고 노력했다. 그렇게 함으로써 각 장이 해당 주제에 관한 강의의 한 꼭지로 사용될 수 있도록 하였다.

정책입안에 관해 제기될 수 있는 여러 대안에 관한 논평은 최대한 자제하였고, 가능하면 저자 개인의 선호가 거의 반영되지 않도록 하였다.

이 기본원칙 입문서를 통해 독자들은 국가의 사회보장체계를 바라보는 하나의 틀을 갖게 될 것이다. 이 책이 다양한 국가의 사회보장체계를 탐구하는 하나의 로드맵이라고도 볼 수 있다. 유럽연합의 회원국과 유럽연합에 가입하려고 하는 국가들의 경우에는 이 로드맵에 해당하는 설명을 앞서 발간된 다음 두 책에서 찾을 수 있다. Pieters, D.의 《유럽연합 회원국의 사회보장체계》(*The Social Security Systems of the Member States of the European Union*) (Intersentia, Antwerp/Oxford/New York, 2002, xx +329pp)와 Pieters, D.의《유럽연합 회원국에 지원하는 국가들의 사회보장체계》(*The Social Security Systems of the States Applying for Membership of the European Union*) (Intersentia, Antwerp/Oxford/New York, 2003, xvii +230pp)이다.

매우 중요한 문제이지만 이 책에서 제외해 버린 많은 쟁점들이 있음을 먼저 밝혀 둔다. 예를 들어, 사회보장의 역사에 대해 전혀 다루지 않는다. 사회보장의 경제적 또는 사회적 분석에 대해서도 다루지 않는다. 또 사회보장의 재원조달이라는, 전반적이면서 때때로 상당히 어려운 문제에 대해서도 아주 간결하고 일반적으로만 기술하여, 예를 들어 보험통계의 측면에 대해서는 고려하지 않았다.

이와 같은 책을 쓰기 위해서는 여러 가지를 논의하고 많은 사람들의 자문을 구해야 한다. 우리 역시 많은 동료와 학생들의 도움이 없었더라면 이 책을 완성할 수 없었을 것이다. 먼저 루벤가톨릭대학교 사회법연구소(Institute for Social Law of the Catholic University of Leuven)의 유럽과 사회보장연구부(Research Unit Europe and Social Security: RUESS)에 있는 동료와 직원들에게 감사한다. 이 책의 초판을 발간하는데 네덜란드와 리투아니아 사회보호부의 도움이 결정적이었고, 지금도 그들에게 감사하고 있다. 또 이후에 사회보장에 관한 에라스무스 프로그램(Erasmus programme on Social Security)과 K.U.루벤 석사학생모임 '유럽사회보장'(K.U. Leuven Master Students 'European Social Security')에서 활동하는 동료와 학생들의 논평을 토대로 이 개정판을 발전시킬 수 있었다. 마지막으로 이 책의 내용에 관하여 제언과 의견을 보내주시기를 모든 독자들에게 부탁하고 싶다. 보낼 곳은 danny.pieters@law.kuleuven.be이다. 미리 감사의 말씀을 드린다.

사회보장에 관한 일반 입문서를 쓴다는 것은 꽤나 모험적인 일이다. 심지어 한 국가의 사회보장을 소개하는 데도 보통 수백 페이지가 필요하다. 그렇기 때문에 하나의 사회보장체계를 구축하는 데 사용될 수 있는 다양한 대안을 개관하면서 분량을 150쪽 미만으로 압축하는 것이 상당히 위험해 보일 수 있다. 그럼에도 불구하고 이 책을 쓴 것은, 이 책이 사회보장에 관한 교육물에서 부족한 틈새를 채울 것이며, 또 사회적 보호정책에 관여하고 있는 사람들이 자국의 사회보장체계를 재고찰하고 개선 가능성을 탐색할 때 전체를 조망하는 자료로 이 책이 유용하게 사용될 것이라는 믿음 때문이었다.

설사 이 책이 유럽의 사회보장을 움직이는 원칙과 기법에 대한 기초지식을 제공하는 데 그친다 하더라도 그 자체로도 의미가 있을 것이라고 생각한다. 이를 발판으로 유럽의 비교사회보장 및 비교사회보장법이라는 멀고도 험한 길에 첫걸음을 내딛을 수 있게 될 것이기 때문이다. 즐거운 여정이 되기를 바란다!

2005, 6년 겨울
대니 피에터스

옮긴이의 말

학교무상급식, 국민기초생활보장법의 부양의무자기준, 공공병원의 폐지, 노인을 위한 기초연금도입, 공무원연금개혁 등 사회보장과 관련된 쟁점들이 정치의 한가운데로 등장하기 시작하였다. 청년실업, 비정규직의 증가와 불평등 문제가 가시적인 사회문제가 되었고, 고령의 노인과 빈곤한 가족의 자살 소식도 적지 않게 들려온다. 외국인, 이주민에 대한 복지혜택이 다문화정책을 반대하는 논거로 등장하기도 하였다. 주변을 둘러보면 다들 잘 사는 것 같은데, 자신의 삶은 너무 고되고 불안한 불행한 사회를 살고 있다. 이런 불안이 여성혐오나 외국인혐오와 같은, 집단적 배제와 갈등으로 이어진다는 조심스러운 분석을 쉽게 외면하기 어려운 때이다.

　이 책은 함께 사는 법에 관한 책이다. '사회보장'이란 단순히 내가 국가로부터 무엇을 받아야 하는지에 골몰하는 문제가 아니라, 나와 나의 후속세대가 살아가는 세상이 어떤 모습이어야 하며 그 안에서 각자 무엇을 해야 하는지에 대한 설계와 역할분담에 관한 이야기라고 할 수 있다. 저자가 설명하듯, 사회보장은 인간의 삶에서 일어날 수 있는 사회적 위험에 대비하여 사회적 유대를 제도화하는 것이다. 여기에는 중요한 전제가 깔려 있다. 취업을 하고 생활하기 충분한 돈을 버는 것이 언제나 당연하다거나 '정상'이라고 가정하지 않는다. 그렇게 되기를 희망할 수는 있으나, 누군가 그렇지 못한 상황에 처하는 것 역시 당연하다. 바로 그런 '정상적인 상황'을 해결하기 위해 인간이 고안한

혁명적인 방법이 사회보장제도라고 할 수 있다.

사회보장이 누가 누구에게—국가가 개인에게든, 부자가 빈자에게든—베푸는 것이 아니라 우리 모두가 더불어 살아가는 세상을 위한 일종의 설계도라는 점을 이해하는 것이 중요하다. 무상급식과 같은 쟁점을 둘러싼 토론에서 보아 왔듯이, 누가 누구에게 일방적으로 베푸는 것이라는 시각에 머무를 때 사회보장의 논의는 심각한 밥그릇 싸움이 된다. 사회보장은 누구를 이롭게 하고 누구를 불리하게 하는 제도를 창출하려는 것이 아니다. 어떤 개인의 부는 그 사회에 살아가는 모든 구성원의 기여를 통하여 창출된다는 점을 인식하고, 이렇게 만들어진 부를 함께 나누는 것이 모두의 윤리적 의무이기도 하며 우리 전체의 삶을 더 풍요롭게 할 것이라는 관점에서 대화를 시작하여야 한다.

이 책은 사회보장에 관한 대화에 물꼬를 터 주는 입문서이다. 어려워만 보이는 사회보장에 관한 개념들을 체계적으로 찬찬히 설명해주며, 무엇을 생각해 보아야 할지 안내한다. 저자는 유럽의 다양한 사회보장제도들을 비교연구하면서 얻은 통찰을 바탕으로, 사회보장제도를 만들 때 고려해야 할 여러 가지 원칙들을 이 책에서 설명한다. 사회보장에서 어떤 사회적 위험으로부터 보호하여야 하는지, 노령, 사망, 노동능력상실, 실업, 가족부양, 보건의료, 의존, 빈곤 등 각종 사회적 위험에 대하여 어떤 급여를 누구에게 어떤 방식으로 지급하여야 하는지, 행정기관과 사법기관은 어떤 역할을 하여야 하고 재원은 어떻게 조달해야 하는지, 개인의 자유와 기본권은 어떻게 보호되어야 하는지, 국경을 넘는 문제는 어떻게 다루어야 하는지 등에 대하여, 그 이유를 설명하며 대안과 한계를 보여 준다.

이 책의 가장 큰 매력은, 이와 같이 사회보장제도의 어떤 모양에 대하여 이유 혹은 배경을 설명하고 그 대안과 한계를 논하는 것이다. 국내에 사회보장(법)에 관한 책들이 많이 나와 있지만, 대부분 현재 존재하는 사회보장제도들을 단순히 설명하는 데 그치고 있다. 누군가 만들어 놓은 제도를 수동적으로 받아들일 때에는, 그 제도가 나에게 유리한지 아닌지에 대한 것 이상으로 논의가 발전되기 어렵다. 반면, 이 책은 독자로 하여금 사회보장제도를 설계하는 데 참여하도록 초대한다. 저자가 안내하는 기본원칙들을 이해함으로써 사회보장제도를 분석하는 눈을 갖고, 그런 눈으로 우리나라에 존재하는 제도들을 비판하고 발전을 모색하자고 제안한다.

저자가 유럽에서 얻은 통찰을 풀어내는 동안, 아직 국내에서 생각하지 못했던 유럽의 다양한 시도를 엿보게 되며 새로운 제도에 대한 상상력도 자극받게 된다. 하지만 그렇다고 하여 이 책이 유럽의 제도를 소개하는 정보원으로 충분하지도 않으며, 그런 용도로 적절하지도 않을 것이다. 다시 강조하지만, 이 책은 우리의 사회보장제도에 대하여 '상자 밖에서 생각'할 수 있도록 유용한 도구를 제공하는 가치가 있으며, 그러한 생각과 토론을 돕는 용도로 적극적으로 활용되기를 희망한다.

이런 토론이 물론 사회보장(법) 현장에서 일하는 활동가나, 학생, 정책입안자에게 도움이 되겠지만, 사실은 이런 토론이 정말로 필요한 것은 모든 사람이라고 할 수 있다. 사람이 태어나고 아프고 죽는 일상적인 삶 속에 사회보장제도가 깊숙이 관련되어 있다. 그 어떤 사회정책보다 개인의 삶에 가까이 있는 것이 사회보장제도라고 해도 과언이 아닐 것이다.

이렇게 우리의 삶에 깊은 영향을 끼치는 제도를 제대로 이해하고 비판하며 논의할 수 있다면, 그것으로도 이미 사회는 훨씬 나아질 수 있을 것이다. 그런 토론을 시작하는 도구로서 이 책이 유용하게 읽히기를 바란다.

덧붙여, 사회보장에 대한 논의가 단순히 선택의 문제가 아니라, 헌법상 개인의 권리를 실현하고 국가의 의무를 이행하는 문제이기도 하다는 점을 언급하고자 한다. 우리 헌법은 사회국가원칙을 수용하는 동시에 사회적 기본권을 인정하고 있다. 헌법재판소는 '사회국가'의 의미가, "사회정의의 이념을 헌법에 수용한 국가, … 정의로운 사회질서의 형성을 위하여 사회현상에 관여하고 간섭하고 분배하고 조정하는 국가이며, 궁극적으로는 국민 각자가 실제로 자유를 행사할 수 있는 그 실질적 조건을 마련해 줄 의무가 있는 국가"[1]를 말한다고 하였다. 헌법 제34조 제1항에서 "모든 국민은 인간다운 생활을 할 권리를 가진다"고 하고, 제2항에서 "국가는 사회보장·사회복지의 증진에 노력할 의무를 진다"고 하는 등 사회보장에 대한 개인의 권리와 국가의 의무를 명시하고 있는 점도 기억하여야 할 것이다.

저자가 서문에서 이러한 방대한 내용을 간결하게 입문서로 쓰는 것이 쉽지 않았다고 한 만큼, 역자로서도 이렇게 짧은 분량 안에서 깊이 있는 통찰을 파악하여 다른 언어로 담아내는 일이 쉽지 않았다. 가능한 한국에서 많이 통용되는 용어를 사용하려고 하였지만, 국내에 존재하지 않는 새로운 개념이거나 전체적인 통일성을 위해 필요한 경우 원어에 가깝게 번역하였음을 밝혀 둔다. 적절한 곳에 용어에 대한 영

---

1   헌재 2004. 10. 28. 2002헌마328(국민기초생활보장 최저생계비 위헌확인).

어원문을 병기하였으나 가독성을 위하여 영어 병기를 최소화하였음도 이해해주시길 부탁드린다.

이 자리를 빌어 감사의 인사를 드리고자 한다. 거칠게 번역된 초벌 원고를 읽고 도움이 되는 의견을 주신 가톨릭대학교 사회복지학과 백승호 교수님과 SOGI 법정책연구회의 나영정 연구원님, 초벌번역을 꼼꼼히 감수해 주고 용어를 검토해 준 김현경님, 전문적 식견으로 최종 원고를 검토해주신 강남대학교 사회복지학과 김수완 교수님과 공익인권법재단 공감의 박영아 변호사님, 작은 오타까지도 잡아내 준 강릉원주대학교 다문화학과 학생 김혜연님, 이 책이 세상으로 나올 수 있도록 애써 주신 사회평론아카데미의 윤철호 사장님, 김천희 대표님과 편집진께도 깊은 감사의 인사를 드린다.

언젠가부터 '함께 살자'는 구호가 시민사회운동 속에서 울려 퍼지기 시작했다. 마음을 움직이는 뭉클한 구호이다. 하지만 이 거대한 사회가 함께 산다는 것이 얼마나 힘들고 복잡한 일인지, 생각하고 고민해야 할 것이 얼마나 많은 일인지, 이 책을 번역하면서 버겁게 느껴지기도 했다. 그래도 그 고민을 나누는 사람이 많아진다면 그렇게 불가능한 일은 아닐지도 모른다. 3년 전, 헌법재판소 도서관에 꽂혀 있던 이 책을 번역하기로 했던 마음이 아마 거기에서 시작했던 것 같다. 이제 같이, 함께 사는 방법에 대해 이야기해 보자.

2015. 8.

김지혜

차례

서문 **5**

옮긴이의 말 **11**

제1장 　사회보장의 개념 **21**

개념의 다양성 / 실용적 정의 / 사회보장의 유사 형태들 – 민간보험과 사적 이전 / 사회보장의
두 가지 방법 – 사회보험과 사회부조 / 사회보장의 또 다른 차원 – 사회보상제도 / 새로운 연대의
틀 – 데모그란트와 기본소득 / 사회보험에 대한 두 가지 접근 – 비스마르크식과 베버리지식

제2장 　사회보장의 법적 근거 **37**

사회보장에 관한 헌법조항 – 네 가지 형태 / 사회국가를 선언하는 헌법조항 / 제도를 보장하는
헌법조항 / 사회적 기본권을 인정하는 헌법조항 / 사회보장에 관한 권한을 부여하는 헌법
조항 / 행정권에 의한 규칙 제정 / 독립기구에 의한 규칙 제정 / 법적 근거로서의 단체협약 /
법적 근거로서의 판례와 의사입법 / 사회보장의 법적 근거 – 연방제의 경우 / 법적 근거로서의
국제적·초국가적 협약

제3장 　사회보장행정 **47**

행정조직 / 사회보장행정의 분산화와 분권화 / 사회보장행정의 기능적 분권화 / 사회보장행정의
지리적 분권화 / 지리적 분권화와 연방제 아래 이루어지는 권한 분배와의 차이 / 행정에서의
당사자 참여 원칙

제4장 　적용대상의 범위 **57**

기여금의 적용범위와 급여의 적용범위 / 주민보험의 적용범위 / 직장사회보험의 적용범위 /
자영업자 사회보험의 적용범위 / 공무원 등 특정한 직업분야에서의 사회보장제도 / 직업
구조에서 생기는 조정문제 / 사회보험의 적용범위와 국적, 기여금 / 사회보험의 종료와
잔존효과 / 직접적 피보험자와 간접적 피보험자 / 사회부조의 적용범위와 국적, 거주지 / 미등록
이주노동자에 대한 사회적 보호 / 적용범위 이외의 다른 유의점

제5장 　사회적 위험 **73**

사회적 위험의 범위 / 사회적 위험의 구분 / 산업재해 / 직업병 / 임신·출산 / 사회적 위험에 대한
인정 / 사회적 위험이 인정받는 과정 / 제3자에 대한 배상청구 / 사회보장체계 너머의 연대

제6장   사회적 급여   89

사회적 급여의 목적 – 예방, 회복, 보상 / 급여 수준을 결정하는 방법 / 급여의 자동재조정 /
피부양자가 있는 경우의 급여 / 자산조사의 범위, 정도와 조사방법 / 중복수급 조정의 방법 /
사회보장급여의 종료 / 사회보장 수급권의 양도, 압류 금지 등 / 급여의 신청을 둘러싼 문제 –
비수급, 소급제한 등 / 취득한 권리 존중과 그 한계 / 사회보장급여에서의 차별과 평등권 /
반사회적 행동에 대한 급여 제한

제7장   노령   107

노령이라는 사회적 위험의 특수성 / 노령에 대한 보장방법 / 노령연금 급여액을 결정하는 요소 /
노령연금 개시 연령 / 연금제도의 가입기간 / 특별하게 힘들거나 위험한 직업활동의 고려 /
피부양자의 고려 / 소득·퇴직 등의 요건 / 노령연금의 금액 결정 요소 / 노령연금 통합 합산

제8장   사망   121

부양자 상실에 대한 위험 / 적응급여의 개념 / 유족급여의 지급 요건 / 사망자와의 관계 /
연령 / 유족의 재혼 / 자산조사 / 유족연금과 노령연금 / 적응급여의 수급 / 자녀 등의 수급자격 /
민간보험 / 장례급여 / 산업재해보상 / 경과조치적 급여

제9장   노동능력상실   131

노동능력상실에 대한 급여 / 소득창출능력의 상실을 판단하는 기준 – 기준인 개념 / 남은
소득창출능력의 평가 – 노동시장 현황의 반영 / 기준인의 소득창출능력 / 노동능력상실의 정도
구분과 심사 절차 / 초기 노동능력상실급여와 장기 노동능력상실급여 / 초기 노동능력상실급여 –
질병급여의 결정 / 장기 노동능력상실급여 – 장애급여의 결정 / 질병급여와 노동능력상실의
입증 / 노동능력상실급여의 수급자가 다른 수입이 있는 경우 / 노동능력상실 정도의 재심사 /
노동능력상실의 예방과 회복을 위한 급여 / 노동능력상실의 원인에 따른 특례

제10장   실업   145

실업보험과 실업부조 / 실업보험의 적용대상 / 실업의 비자발성, 비책임성 및 노동시장
참여의사 / 구직요건 / 적당한 일자리의 개념과 기준 / 일할 의지 / 수급기간 중의 제재 / 부분적
실업의 개념과 실업급여 / 노동시장으로의 재진입 / 수급자격에 필요한 최소 근로기간 / 급여
지급의 종료 / 실업급여의 지급액 / 은퇴연령에 도달한 실업자 / 노동계약 종료에 따른 보상과
실업급여의 조정

제11장   가족부양   157

아동급여의 목적 / 아동급여의 지급방법 / 가족급여의 종류와 방법

제12장   보건의료 **165**

보건의료의 요구 / 건강권의 두 가지 측면 / 보건의료의 제공 주체 / 보건의료 선택의 자유 /
보건의료의 내용 / 의료보험의 적용범위와 불평등 문제 / 보건의료의 제공방법 / 보건의료
제공자에 대한 보수 / 현물지급 방식과 환급 방식 / 이용자 부담금 / 대기기간 / 개인의 책임과
수급권 / 산업재해 보상급여 / 보건의료비의 증가 요인 / 보건의료 과소비에 대한 대응책 /
민간의료보험

제13장   의존 **179**

새로운 사회적 위험 - 의존 / 장애인의 통합과 고령자의 증가 / 가족의 변화 / 시설 입소 /
의존상태의 또 다른 해결책 - 의료화 / 제도적 대응의 필요성과 방법 / 의존수준 / 급여방법 / 보장
대상 / 의존제도의 특징

제14장   빈곤 **187**

인간다운 생활의 보장 / 사회부조에 대한 책임 / 일반적 부조제도와 범주적 부조제도 /
자산조사의 대상 / 부조수급을 위한 요건 / 사회부조급여의 비수급 / 부조의 지급형태 / 사회부조
지급의 제한

제15장   사회보장의 재원조달 **197**

사회보장급여에 필요한 재원조달 / 재원조달의 형태 / 고용주 기여금과 근로자 기여금 /
자영업자의 기여금 / 근로자, 자영업자, 공무원의 비교 / 인구 전체를 적용대상으로 하는 경우 /
고용주로서 정부의 기여금 부담 / 기여금의 징수방법 / 제도에 따른 기여금의 설정 / 부가가치
등에 대한 기여금의 부과 / 사회보장급여에 대한 기여금의 부과 / 정부에 의한 재원조달 / 대안적
형태의 재원조달 / 이용자 부담금 / 고용주 부담 / 부과방식과 적립방식 / 재원조달이 직면한
문제의 원인 / 지방으로 이양된 재원조달 자치권 / 세대 간 연대 / 조세지출

제16장   사법적 보호 **215**

행정기관에 의한 내부 심사 / 법원에 의한 사법적 보호 / 사회(보장)법원의 구성 방식과 법적
절차 / 옴부즈퍼슨에 기댄 해결책

제17장   사회보장법의 집행 **223**

사회보장에 있어서의 협력의무 / 정당한 급여거부 또는 반환 청구와 제재의 관계 / 행정적 제재 /
형사적 제재 / 행정적 제재와 형사적 제재 사이의 관계 / 사회보장 부정수급의 근절

제18장 개인의 사생활과 기본적 자유의 보호 **235**

사회보장과 기본적 자유와의 긴장관계 / IT, e-정부 도입과 사생활 보호 / 기본권과 사회연대의
조화

제19장 국제사회보장법 **243**

국경을 넘어선 사회보장 문제 / 국제적 또는 초국가적 조정협정 / 국제적 · 초국가적
사회보장협정의 원칙 / 초국가적 법적 협정과 국제적 법적 협정의 구분 / 국가가 통합되거나
해체되었을 경우 나타나는 특수한 문제

제20장 사회보장의 비교 **251**

사회보장(법) 비교의 의의 / 사회보장(법) 비교의 방법 / 체계 내적 비교의 중요성 / 이 장 및 책을
마치며

찾아보기 **258**

일러두기

* 근로자(employee)는 고용관계에 있는 노동자(피고용인)를 의미하는 것으로 국내법에서 주로 사용되는 용례에 맞추어 번역하였다. 고용주(employer)는 고용관계를 더욱 분명히 드러내는 용어라고 생각하여, 국내법에서 흔히 쓰이는 '사용자'를 대신하여 이 글에서 사용되었다.

* 사회부조(social assistance)에 대해서는 국내에서 '공공부조' 또는 '공적부조'라는 용어가 많이 사용되나, 이 책에서는 사회보험, 사회보상 등의 관련 용어와 일관성을 가지도록 원문에 충실하게 번역하였다.

* 데모그란트(demogrant)는 '사회수당'으로 번역되기도 하나, 사회수당(social allowance)이라는 별도의 용어와 구분을 위하여 원어 그대로 번역하였다.

* 기여금(contribution)은 국내에서 보험료, 부담금 등의 용어로 사용되기도 하지만, 이 글에서는 전체적인 통일성을 위하여 '기여금'이라고 번역하여 사용하였다.

* 장애(invalidity)는 폐질이라고 번역될 수 있지만, 불필요한 부정적 어감을 피하도록 용어를 순화하여 '장애'라고 번역하였다.

* 미등록이주자(illegal migrant)는 원문에 충실하면 '불법' 이주자이지만, 불필요한 부정적 어감을 피하도록 용어를 순화하여 '미등록' 이주자라고 번역하였다.

제 1 장

사회보장의 개념

개념의 다양성 사회보장(social security)의 개념은 세계 각지에서 매우 다양하게 해석된다. 책을 쓰는 사람마다 나름대로의 정의를 내린다. 일부 국가에서는 사회보장의 개념을 법으로 정해 놓거나, 아니면 최소한 어떤 국내법들이 사회보장법의 영역에 해당되는지를 법에 명시한다. 사회보장 관련 법령을 하나의 분류체계나 법률서 안에 한꺼번에 집적하는 국가에서 주로 그렇다. 반면 사회보장에 대한 법적 설명이 없는 국가들도 많다. 이런 경우에는 사회보장(법)의 원리 자체를 가지고 해당 대상을 정하게 된다. 사회보장이라는 말이 아예 존재하지 않는 국가도 있을 수 있다. 이런 국가에서는 사회보험이나 사회부조와 같은 개념이 있더라도, '사회보장'이라는 개념 속에 한데 묶이기에는 서로 잘 융화되지 않는 측면이 있을 것이다.

　　이런 점에서 국제법이 위안이 될 수 있을 거라 기대하는 사람이 있을지도 모르겠다. 하지만 사회보장의 정의가 없는 것은 국제법에서도 마찬가지이다. 국제법이나 초국가적 법규들에는 저마다의 구체적 적용범위가 설명되어 있다. 바람직한 제도의 내용에 대해 기술하기도 하고, 국내법에서 마련하고 있는 제도(명)를 나열하거나, 어떤 경우에는 이 두 가지를 병행하기도 한다. '사회보장' 자체의 내용을 토대로 한 정의는 아주 예외적인 경우에만 볼 수 있다.

국제노동기구(International Labour Organization) 협약 제102호에서는 사회보장에서 요구되는 최소한의 규범에 대해 다루었는데, 여기에서 구체적 적용범위를 망라했던 것이 상당한 파급력이 있었다. 그렇지만 이 협약에서도 사회보장의 내용을 기술하는 것이 아니라 해당하는 제도의 내용을 기술하는 데에 그쳤다.

이런 방식은 (이미) 잘 알려진 몇 가지 사회적 위험에서 출발하여 사회보장을 설명하기 때문에, 새로운 사회문제와 새로운 대응을 사회보장의 개념 안에 포괄하지 못할 수 있다. 혼자 힘으로 일상생활을 영위하지 못하는 사람에 대한 돌봄요구를 이런 측면에서 생각해 볼 수 있다. 위와 같은 설명에서는 오랫동안 어떤 사회불안요소가 존재하여 이에 따라 국내법이 발전하였어도 이를 '사회적 위험' 속으로 편입시키기 어렵다. 어떤 나라에서는 학생이나 세입자에 대한 재정지원을 사회보장의 하나로 포괄하고 있다는 것을 이런 측면에서 참고할 수 있다.

사회보장을 일부 사람들에게 제공되는 현금급여와 현물급여(서비스 등)의 조합이라고 정의하는 경우도 있다.

국제노동기구 보고서 '21세기로: 사회보장의 발달(Into the 21st

Century: The Development of Social Security)'에서는 사회보장에 대해 더욱 폭넓은 접근을 채택하고 있다. 이 보고서에서는 사회보장의 의미를 넓은 의미에서 보장을 향한 열망에 대한 대응이라고 보았다. 이것은 보장을 제공하는 기제들의 집합체로서 사회보장을 인식하는 것과 차이가 있다. 이렇게 '보장'을 제공한다는 목표에 초점을 둔 정의는 다른 보고서에서도 발견된다. 산업사회의 등장 및 발달과 함께 나타난 위험(으로부터 초래된 불안), 즉 '사회적' 위험에 대하여 이러한 제도가 보호를 제공하고 있다고 본다. 하지만, 여기서 말하는 보호가 어떤 종류를 의미하는지, 어떤 위험이 '사회적' 위험으로 분류되는지에 대해서는 여전히 의문이 남을 수 있다.

신필드(Sinfield)와 버그만(Berghman)과 같이 최근에 사회보장을 정의한 저자들도 마찬가지로 기계적이지 않은 접근을 취하고 있다. 신필드는 건강을 정의할 때와 유사하게 사회보장을 상황적으로 설명하면서, '자원의 결핍으로부터 완전하게 보호되는 상태'라고 정의한다. 버그만의 경우에는 사회보장을 '인적 손상으로부터 완전하게 보호되는 상황'이라고 본다.

'사회보장'의 개념이 이렇게 다양한 것이 결과적으로 아주 부정적인 것은 아니다. 다만, 여러 사회보장체계를 비교할 때 사과와 오렌지처럼 서로 다른 것을 비교하는 셈이 되지 않도록 주의해야 한다. 혹자는 코끼리에 관한 교훈을 떠올리기도 한다. '코끼리를 그리지 못할 수는 있지만 코끼리를 보면 분명 알아볼 수 있을 것이다!'

실용적 정의   그럼에도 불구하고 사회보장에 대한 일반 입문서를 시작하면서 이 책에서 사용하는 사회보장의 개념을 먼저 정의해야 한다고 생각한다.

이 책에서는 사회보장을, 소득(즉, 유급노동으로부터의 소득)이 없거나 특수한 지출을 해야 하는 (그러한 위기에 있는) 사람들과 연대를 형성하는 제도들의 총체라고 정의한다. 다만, (흔히) '사회적 위험'으로 인정되는 상황에서 현금급여를 제공하는 제도에 주로 관심을 두려고 한다. 사회적 위험이 어떻게 정의되는지는 제5장에서 더 자세히 설명할 것이다. 지금 단계에서는 사회적 위험이라고 일컬어지는 요소에 보통 다음과 같은 것들이 해당된다고 말하는 것으로 충분할 것 같다. 노령, 실업, 노동능력상실 때문에 (또는 더 이상 일할 필요가 없어) 일하지 않게 되어 유급노동수입이 없는 것, 소득을 제공하는 파트너의 사망, 자녀양육에 관련된 특수한 지출, 보건의료(관련 비용보장) 요구, 인간다운 생활을 유지할 만한 자산의 부족 등이 해당된다. 여기서 짚고 넘어갈 것은, 어떤 한정된 사회적 위험을 다루면서 통일된 규칙과 행정을 구성하고 있는 하나의 장치를 가리켜, 종종 사회보장 '분야' 또는 사회보장 '제도'라고 부르곤 한다는 점이다.

이 책에서는 사회적 위험으로 인정되는 상황에서 현금으로 제공되는 급여에 주로 초점을 맞출 것이다. 이런 입문서에서는 앞에서 언급한 사회적 위험(에 대한 지출)에 대응하는 모든 사회적 급부와 서비스를 포괄하는 것이 적절하지 않기 때문이다. 하지만 몇 가지 보충적 설명이 필요한 부분이 있다.

첫째는 보건에 대한 요구를 사회적으로 보장하는 방식에 관한 것이다. 어떤 나라에서는 사회보험으로 보건의료의 비용을 보장하는 데비해, 다른 나라에서는 사회보장체계에서 직접 의료서비스를 제공한다. 두 가지 방식을 분리하는 것은 상당히 인위적일 뿐더러 분명 이 책의 목표에 부합하지 않는다.

둘째는 사회적 위험(의 위기)에 직면하는 사람들을 위한 비금전적인 조치의 중요성에 관한 것이다. 누차 강조하지만, 최우선적 조치는 사회적 위험이 발생하지 않도록 막는 것이고, 그다음이 이전 상태를 회복하는 방법을 고안하는 것이며, 그로 인해 입은 피해에 대한 재정적 보상은 가장 마지막 조치로 선택되어야 한다. 이러한 접근이 본래는 인적 손상(노동능력상실)의 문제를 해결하기 위해 개발되었지만, 다른 여러 위험에 대해서도 설명력이 있다. 예를 들어, 우선 사람들이 실업자가 되지 않도록 예방할 필요성과 실업자가 직업소개나 직업훈련과정을 통해 다시 일을 하게끔 만드는 노력들을 생각해 볼 수 있다. 실업자에게 보험에서 현금급여를 제공하는 것과 연결하여 이런 조치들이 점차 강조되고 있다. 사람들에게 (소위 수동적) 현금급여를 제공하는 것보다는 사람들이 일자리를 유지하고 가능한 한 빨리 일자리로 복귀하도록 강조하는 것이 최근 상당히 중요해졌다. 이것을 급여제도의 '활성화(activation)'라는 용어로 부르곤 한다.

우리가 이 책에서 사회보장이라는 용어를 돈으로 급여를 제공하는 제도들의 총체로 상당히 좁게 해석한다고 해서 더 넓은 의미의 사회보장 개념이 가지는 장점을 깎아 내리는 것은 아니다. 버그만이 사회보장을 모든 인적 손상으로부터 완전하게 보호되는 상황이라고 본 것처럼, 많은 학자들이 더 넓은 의미의 사회보장 개념을 지지했다. 이런 관점에서는 직장 등에서의 안전, 고용촉진정책과 직업소개, 교육과 훈련, 건강 관련 온갖 종류의 예방조치, 아동이나 환자, 노인, 빈곤층을 위한 구제센터 등 다양한 종류의 집합적 서비스, 심지어 제3자 배상 책임이나 이혼 또는 사망시 재산 문제에 관한 민사상 조정까지도 사회보장의 영역 안에 들어온다. 우리 연구에서 위에 언급된 모든 요소들을 포함시키는 것은 불가능하다. 안타깝더라도 어쩔 수 없이 이 책에서는 현금급여에 대해서만—주로—다루기로 한다. 그렇다고 해도, 여기에는 (건강한 상태로의) 회복과 예방도 포함된다. 왜냐하면 급여체계를 통해 회복과 예방이 촉진될 수도 저해될 수도 있기 때문이다. 따라서 이러한 측면을 당연히 본문에서 다룰 것이다.

세 번째이자 마지막으로 언급하려는 것은 조세체계를 통해서 지급되는 보이지 않는 현금급여이다(이를 종종 '조세지출'이라고 부른다). 사회적 위험으로부터 사람들을 보호하는 데 조세제도가 기여하는 다양한 방식을 다루기에는 알려진 것이 별로 없다는 것이 놀랍지도 않다. 그렇지만 사회보장과 조세제도는 상당히 밀접하게 연관되어 있다. 예를 들어 자녀양육비용에 대한 대응을 생각해 보자. 일부 국가에서는 가족수당제도—자산조사를 실시하기도 함—가 잘 마련되어 있는 반면, 소득세 면제와 공제를 통해 거의 동일한 혜택을 돌려주는 국가도 있다. 일부 조세 또는 민법 등과 사회보장 사이의 상호관계에 대해 제18장에서 더욱 자세하게 다룰 것이다.

사회보장의 유사 형태들 - 민간보험과 사적 이전 앞서 언급한 바와 같이, 이 책에서는 유급노동으로부터의 소득이 없거나 특수한 지출을 해야 하는 (그러한 위기에 있는) 사람들과 연대를 형성하는 제도들의 총체를 사회보장이라고 볼 수 있다는 가설을 채택한다. 그런데 때로는 사회보장이라고 볼 수만은 없는 다른 형태의 연대방식이 생기기도 한다. 가족과 친척, 저축(의 장려), 민사책임과 부양에 관한 입법은 모두 사회적 위험으로 인해 연대가 필요할 때 대응했던 방식이며, 지금도 존재하고 있다. 이러한 방식이 다시 중요해지는 듯 보이는 때가 있지만, 그렇더라도 사회보장에 포함시키지는 않는 것이 일반적이다. 다만, 사회보장제도에서 이러한 측면들을 고려하는 것은 사실이다. 본문에서는 이러한 방식들이 사회보장제도에서 언급되는 경우에 한하여 더욱 자세하게 다룰 것이다. 이보다 훨씬 더 어려운 문제는, 민간보험이나 순수한 자선의 '연대' 방식들이 사회보장의 개념에 포함되어야 하는지, 만일 그렇다면 어느 정도나 포함되어야 하는지의 문제이다. 특정 사회적 위험에 대한 민간보험의 경우에는 우리가 보기에 연대의 요소가 너무 약해 보인다. 이런 계약이 가지는 위험이 너무 자명하게 드러나기 때문에 이런 보험을 '사회보장'이라는 제목 아래 두기가 어렵다. 반면 단순한 자선이나 순수한 기부의 경우에는 연대에 해당한다고 본다. 그렇다 하더라도 이런 민간원조가 공법상 제도 속에 편입된 경우에만 사회보장의 개념에 포함될 수 있다고 생각한다. 정부의 장려나 개입 없이 민간원조가 운영되고 있고, 또 민간원조가 구성원 간의 연대를 형성하는 방식의 하나라고 그 사회에서 인정하고 있지 않은 이상, 이러한 사적 자선행위는 사회보장에 속하지 않는다. 어찌되었든 공법상의 규율이 전혀 없는 경우라면 원조가 '보장'을 증진하리라고 기대하기는 어렵다.

사회보장의 두 가지 방법 – 사회보험과 사회부조 현재까지 가장 잘 알려진 사회보장 방법은 물론 사회부조와 사회보험이다.

사회보험(social insurance)의 경우에 해당 연대체에 소속된 구성원들이 자신들을 위하여 자발적 또는 (대부분) 강제적으로 기여금(contributions)을 내서 그 연대 네트워크의 한 구성원이 사회적 위험에 당면했을 때 사회적 급여를 제공하게 된다. 정부가 이러한 정책을 지원하는 경우가 많다. 사회보험체계는 보통 특정한 사회보장 기여금을 기반으로 운영되지만, 세금을 통하여 재정을 마련한다고 하여 사회보험으로서의 성격이 사라지는 것은 아니다. 사회보험제도에 관한 법들은 공법에 속한다. 사회보험 가입은 보통 강제적이다. 하지만 어떤 보험이 공법에 속한다거나 강제적이라는 것만으로 사회보험이라 부를 수는 없다. 자동차 보험 중 반드시 가입해야 하는 제3자 책임보험 같은 것이 좋은 예이다. 반면 특정 집단의 사람들에 대해 사회보험에 가입할 수 있게 가능성을 열어주는 제도와 같이, 비강제적이지만 사회보험이라고 부르는 데 반박의 여지가 없는 형태도 있다. 이런 제도는 다른 집단에 속한 사람들이라면 강제적으로 가입해야 하는 제도에 해당하는 것이거나, 혹은 자신들이 이미 강제로 가입한 사회보험과 연계되어 내용이 더 발전된 것이다. 전자에 해당하는 예는 소득이 너무 적거나 많아서 혹은 해외에서 일한다는 이유로 강제적 사회보험의 적용범위에 해당하지 않는 사람들이 사회보험에 가입할 수 있도록 열어 두는 것이다. 후자에 해당하는, 즉 보충적 사회보험의 예로는 질병에 걸렸거나 은퇴할 때 강제적 사회보험에서 받는 급여수준을 높이기 위한 목적으로 마련된 다양한 기제들이 있을 수 있다. 비강제적 제도와 강제적 사회보험 사이의 연결고리가 약해지고 사회보험이 전형적으로 가지는 연대 메커니즘이 점차 사라지면서 공법상 규율이 적어지면(예를 들어 가입의사가 있거나 가입자격이 있는 사람을 누구나 받아들여야 할 의무가 없는 등), 그때에는 비강제적 제도의 사회보험 성질 또는 사회보장 특징이 사라지게 될 것이다.

많은 사회보험이 초기에는 공제보험(mutual insurance)으로 출발했다. 그렇다고 하여 공법상에 규정된 제도의 범위를 벗어나 운영되고 있는 공제보험을 지금에 와서도 사회보장에 속한다고 말할 수 있을까? 순수하게 자발적으로 운영되는 공제보험의 경우에는 민간보험회사를 통해 계약한 개인보험과 같게 볼 수 있다고 생각한다. 다만 공제보험의 형태이면서 그 참여가 강제적인 경우, 예를 들어 단체노동협약상에서 가입을 강제하는 경우 등에는 좀더 어려운 문제가 된다.

사회부조(social assistance)제도를 통해서는 사회부조가 필요한 사람들에게 급여를 제공하게 된다. 부조제도를 위한 재정은 (중앙, 지역, 지방) 정부를 통해 얻어진다. 잠재적인 수급자에 대해 자산조사를 실시함으로써 사회적 급여를 제공할 것인지에 대한 판단을 한다.

과거에는 사회보험과 사회부조의 차이가 분명했다. 사회적 위험이 발생했을 때 보험에 가입한 당사자는 자산조사 없이 급여에 대한 주관적(subjective) 권리(자격)를 가졌다. 그 급여가 실제로 '필요'한지 아닌지에 상관없이 가입자는 급여를 받을 자격을 가졌다. 반면, 사회부조를 요구하는 사람에 대해서는 부조의 적합성을 행정기관이 판단하였다. 이를 판단하기 위해 생계를 위한 자산을 얼마나 가지고 있는지 여부가 항상 고려되었다. 달리 말하면, 사회보험급여에 대해서는 ('주관적') 권리를 가지고, 사회부조에 대해서는 '반사적(reflexive)' 권리를 가졌다. 하지만 최근 몇십 년 동안 사회보험과 사회부조 사이의 이 경계가 점점 희미해졌다. 오늘날에는 사회부조에 대해서도 주관적 권리를 인정하기도 하고, 사회보험급여를 자산조사를 실시한 이후에 제공하는 경우도 많아지고 있다. 어떤 면에서 사회부조와 사회보험이 이렇게 부분적으로 수렴한 것은 사회보장의 개념이 병합되었음을 보여 주는 증거이기도 하다. 사회부조나 사회보험의 특징이 분명하지 않은 급여를 '혼합급여(mixed benefit)'라고 부르기도 한다. 하지만 최근 일부 국가에서 기여적 사회보험과 비기여적 사회부조를 더욱 분명하게 구분하고자 다시 시도했다. 앞으로 어떤 경향이 우세하게 될지는 두고 보아야 할 것이다.

사회보장의 또 다른 차원 - 사회보상제도 일부 국가의 사회보장제도에서는 사회보험과 사회부조 이외에 별개로 분류되는 (세번째) 사회보장급여가 존재하기도 한다. 사회보상(social compensation)제를 여기에서 언급할 필요가 있다. 공통적으로 이 제도는 정부/사회가 특정한 고통이나 피해를 입은 사람들과의 연대를 표현할 때 사용된다. 예를 들어 전쟁피해자나 혹은 (과거) 정부에 의해 기본적 인권를 침해당한 피해자에 대해 장애연금, 노령연금, 유족연금을 제공하는 경우이다. 강제예방접종의 피해자에 대해서도 마찬가지이다. 사회보상제도는 사회보험제도와 차이가 있다. 사회보상제도는 사회보험제도와 달리, 조직화된 연대 속에서 참여자 가운데 누군가 사회적 위험에 당면하는 상황이 아니라 국가가 정당하였든 혹은 부당하였든 결과적으로 과도한 피해를 입혔을 때 그 피해자에 대하여 사회가 고마움이나 죄책감을 표현하는 것이다.

사회보상제도는 국가의 재정부담으로 운영된다. 급여를 제공할 때는 자산조사를 요구하지 않는 경우가 대부분이다. 대부분의 나라에 이 제도가 있지만 사회보장의 일부로 여기지는 않고 있다는 것이 정확할 것이다. 아마도 그 이유는 이런 제도가 국가에 의해 발생된 피해를 보상한다는 측면이 크게 강조되어, 소득이 없거나 특수한 지출을 해야 하는 (그러한 위기에 있는) 사람들과의 연대를 표현하는 성질이 사라졌다는 사실, 즉 더 이상 사회보장의 개념에 부합하지 않는다는 사실 때문일 것이다.

새로운 연대의 틀 - 데모그란트와 기본소득 사회보장원리 안에서 사회보험과 사회부조를 구분하는 경향은 '중간적 형태', 즉 데모그란트(demogrant)가 등장하면서 문헌에서 더욱 강조되기도 하였다. 데모그란트는 정부재정으로 제공된다는 점에서 사회부조와 유사하지만, 또 특

정한 결핍보다는 특정한 사회적 위험에 대해 제공된다는 점에서 사회
보험과 유사하다. 아동급여가 많은 나라에서 볼 수 있는 전형적인 데
모그란트이다. 노령연금도 (엄격한 의미에서) 데모그란트라고 취급되
곤 한다. 하지만 '데모그란트'라는 개념이 아직 일반적으로 받아들여
지지 않고 있으며 아직까지는 법적으로 어떤 의미를 가지지도 않는다.
따라서 이 책에서는 주로 앞에서 언급한 두 가지 구분에 대해서만 논
의하려고 한다.

유급노동으로부터의 소득이 없거나 특수한 지출을 해야 하는 (그
러한 위기에 있는) 사람들과 연대를 형성하는 것은 현금급여의 제공을
통해서이다. 다시 말해, 연대가 발현되는 것은 주로 일반적으로 인정
되는 '사회적 위험'과 결부하여 사회보험이나 사회부조제도를 마련함
으로써이다. 최근 몇 년 동안 연대요구에 대해 새로운 대응방식을 제
기한 문헌들이 있었다. 기본소득(basic income)이라는 것인데, 아직
까지 현실화된 바는 없다. 기본소득은 모든 거주민 또는 시민에게 근
로의사나 빈곤에 관하여 원칙적으로 조건을 두지 않고 정부가 정기적
으로 현금수당을 제공하는 방식이다. 이런 식의 기본소득을 지급함으
로써 사회보장에서 제공하는 현금급여가 필요 없게 될 수 있으며, '과
잉'급여(예를 들어, 임금소득이 이미 충분한 사람들에게 지급된 부분)에
대해서는 조세체계를 통해 다시 거두게 될 것이다.

사회보장급여를 사회보험과 사회부조에 해당하는 급여로 구분하
는 방법도 있지만, 그 급여내용에 따라 분류하는 방법도 있다. 우선 현
물급여와 현금급여로 구분할 수 있으며, 이 중 현물급여에 대해서는

이 책에서 논의하지 않는다고 이미 앞에서 언급한 바 있다. 혹은 소득대체급여(income replacement benefit)라고 하여 대체소득을 지급하는 형태와, 소득보충급여(income supplementing benefit) 또는 비용보장급여(cost-covering benefit)라고 하여 특수한 지출을 감당해야 하는 수급자에게 도움을 주는 형태로 나눌 수도 있다.

사회보험에 대한 두 가지 접근 - 비스마르크식과 베버리지식 이 첫 번째 장을 마치기 전에 사회보험을 고안하는 데 두 가지 조류를 형성한 역사적으로 중요한 두 인물에 대해 언급하고자 한다. 19세기 독일 수상이었던 오토 폰 비스마르크(Otto von Bismarck)와, 영국의 정치가이자 작가인 베버리지 경(Lord Beveridge)이다. '비스마르크'(또는 대륙법) 접근에서 사회보험은 (특정 범주에 속하는) 노동인구(working population)와 특히 근로자(employee)를 위하여 고안되었다. 이 접근에서는 근로자가 일하고 기여금을 납부한 기간과 사회적 위험이 발생하기 직전까지의 소득 혹은 기여금에 따라 급여액수와 때로는 수급기간까지 결정된다. 이러한 사회보험제도는 고용주와 함께 근로자가 임금에서 납입한 기여금으로 재정이 마련된다. 제도의 운영은 직접적으로 관련성 있는 집단, 즉 근로자 노동조합과 고용주에게 맡겨진다. 한편, '베버리지'(또는 애틀랜틱) 접근에서 사회보험제도는 인구 전체를 포괄하는 것을 목표로 한다. 급여수준이 일정 금액으로 정해지며 예산(세금)을 통해 재정이 마련된다. 제도의 운영은 주로 정부가 책임진다.
　　이런 구분이 중요하기는 하지만, 이제는 이런 '순수한' 형태의 사회보험이 그 어디에도 존재하지 않는다는 데에 대부분 동의하고 있다. 어떤 국가의 모든 사회보장체계가 완전히 비스마르크식 아니면 베버리지식 사회보장의 계승이라고 해석할 수 있다고 보는 일도 거의 없다. 대부분 국가의 사회보장체계는 두 가지의 특징을 모두 가지고 있다. 전통적으로 비스마르크식 사회보장체계를 취하면서 의료보험이나 자녀양육과 관련된 비용에 대해 보편적 급부를 제공하기도 한다. 한편, 베버리지식 사회보험을 채택하면서 노령연금의 영역에서와 같이 법정소득 관련 사회보험제도를 보충적으로 채택하는 경우가 꽤 있다. 베버리지 방식과 유사한 형태가 북유럽국가에서 독자적으로 발달했다는 점도 여기서 언급할 필요가 있다. 이런 형태를 사람들은 '북유럽식' 또는 '스칸디나비아식' 사회보장접근이라고 한다. 과거 공산주의 국가에서는 비스마르크 접근과 베버리지 접근의 구분이 모호해졌다는 것도 흥미로운 현상이다.

제 2 장

사회보장의 법적 근거

사회보장에 관한 헌법조항 - 네 가지 형태　이 장에서는 사회보장의 연대 정신이 어떻게 법의 형식과 문서로 구현되는지 살펴본다. 어떤 법에 사회보장이 포함되는지와 함께, 다양한 정부 단위 사이에 과업의 분배가 뚜렷해야 하는지에 대해서도 살펴본다.

　　상당히 많은 나라의 헌법에 사회보장에 관한 언급이 없다. 헌법은 다양한 방식으로 사회보장과 관련성을 가질 수 있다. 사회보장에 관한 헌법조항은 대략 네 가지 형태로 구분하여 볼 수 있다.

- 국가가 '사회국가'라고 선언하는 아주 일반적인 조항
- 사회보장, 사회보험, 사회부조의 존재를 단순히 인정하는 조항
- 사회적 기본권 조항
- 사회보장에 관한 권한을 부여하는 조항

물론 하나의 헌법 안에 여러 가지 조항이 한꺼번에 있을 수 있다. 같은 조항이 시간이 흐르면서 다른 유형으로 바뀌거나 혹은 다차원적인 성격을 갖게 될 수도 있다. 여기서는 우선 각 유형에 대해 설명하기로 한다.

사회국가를 선언하는 헌법조항　헌법에서는 그 국가의 근간이 되는 특징을 기술하는 조항을 대개 맨 첫머리에 가지고 있다. 여러 나라에서 이러한 조항 속에 그 국가가 (다른 여러 가지 내용도 있겠지만) '사회'국가라고 명시하고 있다. 이 조항을 어떻게 받아들이는지는 법리적으로 아주 다양하다. 어떤 나라에서는 헌법적 '사회국가원칙(social-state-principle)'에 법리적으로 대단한 중요성을 부여하는 반면, 조문의 자구가 똑같은데도 이 조항이 거의 무시되는 나라도 있다.

제도를 보장하는 헌법조항　헌법에서 사회보장, 사회보험, 사회부조의 존재를 명시하는 경우도 있다. 그 내용에 대해서는 전혀 언급하지 않으면서 말이다. 이런 식의 조항이 사회보장에만 적용되는 것은 아니고, 특정 행정기구나 재원조달의 형태 등에도 적용될 수 있다. 이런 조항은 그야말로 '제도보장(institutional guarantee)'을 제공하려는 의미를 가진다. 그렇기 때문에 완전히 폐기될 수도 없고 본질이 손상될 가능성도 없다. 이런 종류의 조항은 혼인제도를 헌법적으로 보호하는 헌법조항과 다소 비슷하다.

사회적 기본권을 인정하는 헌법조항 급여에 대하여 사회적 기본권(fundamental social rights)을 인정하는 형태에서는 한 걸음 더 나아간다. 수급자가 사회적 보호를 청구할 수 있다고 약속하는 것이다. 하지만 법적 원칙 또는 법리적으로 이러한 사회적 기본권 조항이 (공허한) 헌법적 선언의 영역에 속한다고 하면서, 시민들의 주관적 권리 또는 자격을 도출하는 근거가 될 수 없다고 하는 경우가 종종 있다. 하지만 꼭 그런 경우만 있는 것은 아니다. 이런 조항이 법적 가치를 가지는 경우도 분명히 있다. 특히 한계상황에 대하여 또는 한계상황에 처한 개인들에 대하여 그러하다. 사회적 기본권 조항을 근거로 어떤 사회적 최소수준(예를 들어 의료지원을 받을 권리나 일반적인 생계수준에 대한 권리 등)을 보장하는 것이다. 이런 조항은 전체적인 헌법상 제도들의 망을 통해 뒷받침되기도 한다. 반면 사회적 기본권을 선언하는 조항을 제도보장이라고 해석하는 경우도 있다.

어떤 헌법에서는 사회보장이 원칙적으로 법적 효력 없이 의회에 주는 일종의 지침이라고 본다. 입법자를 '고무시키는' 기능이다. 이런 조항이 사회보장에 대해 갖는 영향은 매우 제한적이다. 다만 예외적으로 법적 원칙이나 법리에 의해 이런 조항이 제도보장이나 심지어 사회적 기본권으로 해석될 수 있다.

사회보장법을 개정하여 결과적으로 기존에 취득한 권리나 취득 중에 있는 권리에 변동이 생길 때, 제도보장이나 사회적 기본권을 인정하는 헌법조항이 중요하게 작용하기도 한다.

사회보장에 관한 권한을 부여하는 헌법조항　한편, 사회보장에 관한 권한 부여 조항은 완전히 다른 성질을 갖는다. 사실 이러한 조항은 사회보장 권한을 중앙/연방 의회와 지역/지방 의회에 부여하는 규정과, 이러한 권한을 입법권, 행정권, 독립기관에 부여하는 규정으로 다시 나뉜다.

연방국가의 경우에 사회보장의 입법과 행정이 어느 수준에서 이루어지는지, 즉 연방차원인지 혹은 각 주의 차원인지에 대해 정해야 할 것이다. 연방헌법에서 이에 대해 명시적 또는 묵시적으로 다루어야 한다. 이런 권한의 부여에 관해서는 제3장에서 더욱 자세하게 다룬다.

또한 사회보장에 관련된 모든 입법을 의회에 맡길 것인지 혹은 일부의 권한은 행정부나 독립기구로 위임할 것인지에 대해 헌법에서 명시적 또는 묵시적으로 정해야 할 것이다.

어느 국가에서든지 국내 사회보장체계를 만드는 데 입법부가 중심적인 역할을 담당한다. 어떤 나라에서는 사회보장(의 어떤 측면)에 관한 규율은 반드시 법률로써 하도록 헌법에서 정하고 있다. 따라서 입법부만이 이 영역에 대해 규율권한을 가지고 그 권한은 위임될 수 없다. 이런 경우, 매년 새로운 사회보장법을 제정해야 할 수 있다. 그런가 하면 헌법에서 사회보장원칙과 보통의 사회보장입법을 구분하여, 전자에 대해서는 의회가 단독권한을 가지고 후자에 대해서는 정부가 단독권한을 가지도록 하는 나라도 있다.

행정권에 의한 규칙 제정　많은 국가의 헌법에서는 (단순히 묵시적인 경우도 많지만) 사회보장제도가 의회입법에 근거를 두어야 한다고 요구하면서도 더 구체적인 사항은 행정 권한으로 정할 수 있게 한다. 이런 경우에 사회보장법이란 기껏해야 '일반적' 또는 '잔류적' 법에 지나지 않아, 국가의 원수나 정부나 권한 있는 독립기구가 나서서 여러 면에서 확장을 해야 한다.

행정권, 국가의 원수, 정부 부처의 장관 등이 정하는 사회보장규칙에 대해서는 많은 설명이 필요 없을 것이다. 다만 이렇게 광범위한 권한을 가지고 시민들의 일상에 대단히 큰 영향을 미치는 주관적 권리와 의무를 규정하는 것이, 의회민주주의 원칙과 사회권 등 시민의 기본권 존중의 원칙에 완전히 부합하지 않을 수 있다. 그렇지만 또 다른 측면에서 보자면, 국가의 원수, 정부 부처의 장관이 정치적 책임을 지고 정기적으로 유권자의 심판을 받는다는 점에서 대체로 민주적 정당성이 충분히 확보된다고 이야기할 수도 있다.

독립기구에 의한 규칙 제정 독립기구에서 규율권한을 갖는 경우에 이를 정당화하는 것이 조금 더 어려울 수 있다. 사회보장 행정기관의 위원회나 이사회가 이런 권한을 갖는 경우를 사실 많은 나라의 사회보장체계에서 본다. 이런 기구에서 예를 들어 강제적 사회보장 보험료율을 결정하는 권한을 갖는 경우가 상당히 많다. 또 급여분배에 관한 입법적 권한을 갖기도 한다. 이런 식의 위원회나 이사회가 자유선거를 통해 구성되고, 또 특정한 때에 이해관계가 있는 모든 당사자들에게 보고를 한다면, 민주적 원칙이 존중되었다고 볼 수 있을 것이다. 예외적인 상황으로, 사회보험에 가입된 공동체 구성원의 상당수가 (국적 때문에) 투표를 할 수 없는 경우가 있다. 이때에는 선출된 독립기구에 입법권한을 부여하는 것이 민주적 관점에서 볼 때에도 더 나은 방식일 수 있다. 하지만 자율적인 규율권한을 가지는 위원회나 이사회가 선거를 통해 구성되지 않고, 고용주 조직이나 근로자 노동조합 등 해당 사회보장제도의 재정기반이 되는 기구의 대표들로 구성되는 경우가 상당히 많다. 사회보장행정을 담당하는 기구의 민주적 속성에 대해서는 다음 장에서 더 자세하게 다룰 것이다. 여기서는 자율적 규율권한을 가지는 위원회나 이사회의 민주적 정당성이 상당히 의심스러운 만큼, 온전히 정치적 책임성을 가진 기구가 더 높은 수준의 입법권한을 가지고 항상 그 자율성을 제한해야 할 것임을 간단히 언급하고자 한다. 단순히 사회보장만이 아니라 더 나아가 공익을 제대로 보장하려고 할 때, 이와 같이 정치적 책임을 가진 기구의 규율 아래에 민주적 정당성을 확보한 자율적 규율을 종속시키는 것이 도움이 될 수 있다.

법적 근거로서의 단체협약　단체고용협약이나 이에 해당하는 자영업자들의 협약은 자율적 규율의 특수한 형태라고 할 수 있다. 이 책에서는 이 두 가지를 통칭하여 단체협약이라고 부르겠다. 이런 단체협약 속에 사회보장에 관한 합의사항들이 포함되어 있는 경우가 아주 많은 게 사실이다. 이런 합의를 통해 어떤 제도(보충적인 경우가 많다)를 자치적으로 만드는 것뿐만 아니라, 법정 사회보장제도의 일부분을 제정할 수도 있다. 이 중 후자의 경우, 위의 독립기구에 관한 논의를 반복하는 것으로 족할 것이다. 완전히 자치적인 제도를 만드는 경우, 이때에는 사회적 동료 사이의 계약의 자유, 즉 조직화된 직업군이 사회보장제도를 만들 자율성에 속하게 된다. 이렇게 만들어진 제도가 그 직장조직에 자발적으로 가입하지 않은 사람들에게까지 구속력을 가지도록 정당화하는 법적 근거가 무엇인지에 대해서는 물론 의문을 제기할 수 있지만, 이 부분은 본 책의 범위를 크게 벗어나므로 다루지 않기로 한다.

법적 근거로서의 판례와 의사입법 다른 법의 영역에서도 그러하듯이 사회보장을 해석하는 데 판례가 중요한 역할을 한다. 일부 국가에서는 사회보장에 관하여 법원이 매우 중요한 영향력을 가지는 것으로 나타난다. 그렇다고 사회보장이 완전히 판례에 의해 지배되는 국가는 하나도―보통법(common law) 국가조차도―없기는 하지만 말이다. 더욱이, 행정적 현실이 법리와 함께 사회보장을 설명하는 데 중요한 역할을 한다. 분명, 입법자가 입법을 피하는 영역에서 해석의 필요성이 더욱 커질 것이다. 때때로 입법자는 의도적으로 해석이 불가피한 아주 일반적인 법규를 만들어, 사회보장법규가 현실적으로 가능한 최선의 방식으로 실현되기를 도모하기도 한다. 판례로 만들어진 사회보장법의 구체적인 특징에 대한 비교연구는 아직 걸음마 단계이다.

사회보장제도에서는 사회보장 행정기구에게 일부 판단의 자유, 즉 재량권을 부여하기도 한다. 예를 들어, 사회부조에 대한 권리를 구체화할 때나 혹은 사회보장제도를 집행할 때 이런 경우가 있다. 사회보장에서 재량권을 인정한다고 하여 권한사용을 통제하지 않는다는 뜻은 아니다. 이와 관련하여 여러 나라에서는 의사입법(pseudolegislation)이라고 하여 행정기구가 재량권한을 사용한 일련의 특정 행위에 따라 운영되고 있을 때, 정해진 행위에서 벗어나려면 반드시 충분한 근거가 있어야 한다는 개념이 생겨났다. 따라서 어떤 재량권한의 행사에 대해 개인에게 주관적 권리가 없을 때에도 법원은 평등원칙에 위반되지 않았는지 여부와 일반적 행위규범, 즉 의사입법으로부터 임의적 일탈이 있었는지 여부에 대해 검토하게 된다.

사회보장의 법적 근거 – 연방제의 경우   연합국가의 경우 사회보장의 법적 근거와 관련하여 독특한 특징이 있다. 연방헌법에서 연방과 각 주 사이의 권한을 분배한다는 점이다. 각기 고유한 권한을 가지며, 그 권한이 배타적이기도 하고 그렇지 않기도 하다. 연방과 주 사이에, 혹은 각 주들 사이에 협력절차가 있을 수 있다. 사회보장과 관련해서 보면, 헌법이 사회보장 전체를 단일 수준에서 정할 수도 있다. 하지만 대부분은 헌법이 그 권한을 연방과 각 주에 분배한다. 이런 측면에서 헌법조항이 다양한 급여 분야와 사회보험과 사회부조제도의 차이 등을 헌법조항에서 구분할 수 있다. 입법, 행정, 사법적 집행과 사법적 보호와 같은 권한도 꼭 하나의 동일한 수준에 있을 필요가 없다. 사회보장의 재원조달의 경우도 마찬가지로 연방헌법에서 연방과 각 주에 대해 권한과 책임을 규정하는 경우가 많다.

헌법에서 사회보장에 관한 권한을 각 주에 부여하는 경우, 그러한 권한을 부여받은 주들이 (완전히 혹은 부분적으로) 권한을 공동으로 행사하겠다고 자발적으로 결정할 수 있다. 혹은 이보다는 조금 더 완화된 협력과 협의의 형태로 상호작용할 수도 있다.

연방에 소속된 각 주의 사회보장제도는 여느 국가의 사회보장제도와 마찬가지의 방식으로 기능한다. 그렇기 때문에 각 주의 운영에서도 권한의 기능적, 지리적 분권화 또는 '분산화' 문제가 똑같이 제기될 수 있다.

법적 근거로서의 국제적 · 초국가적 협약　완결성 있는 마무리를 위해 사회보장의 내용을 결정하는 데 초국가적 법적 협정과 국제법 협약의 중요성이 점점 더 커지고 있다는 점을 덧붙인다. 국제적·초국가적 법규정이 국내법에 수용되어 작용하거나 직접 적용되는 경우에 특히 더 그렇다. 이러한 국제적·초국가적 법규의 내용에 대해서는 제19장에서 다룰 것이다.

제 3 장

사회보장행정

행정조직 사회보장법규를 만드는 일이 중요하지만, 이렇게 만든 법규를 관리운영하는 것은 또 다른 차원의 이야기이다. 사회보장을 위해 필요한 자금을 모으고 자격 있는 사람들에게 급여를 제공하기 위해서는 사회보장행정이 필요하다. 사회보장행정은 행정기구, 더 정확하게는 다양한 행정기구가 때로는 연속적으로 행정을 담당하고, 각각의 행정기구는 전체적인 사회보장체계의 행정 속에서 세부적인 업무를 맡는다. 사회보장체계의 형태가 다양한 만큼, 즉 다양한 인구집단에 대해 여러 가지의 사회보장제도가 있는 만큼, 행정기구의 숫자도 상당히 많은 것이 일반적이다. 그러므로 직장에 따라 조직된 체계 속에는 최소한, 근로자의 제도와 공무원과 자영업자의 제도를 위한 기구가 별도로 존재할 것이다. 기여금을 징수하고 급여를 지급하며 다양한 사회보장제도의 행정을 수행하기 위해서 다른 행정기구들이 참여할 수도 있다. 어떤 나라에서는 사회보장 데이터 관리를 담당하는 행정기구가 별도로 마련되어 있다. 사회보장기금을 투자하는 기구나 사회보장이 정확하게 운영되도록 통제하는 기구를 별도로 만들 수도 있다.

　행정적 위계를 살펴보면, 보통 정치적으로 책임지는 위치에 있는 장관이 수장이 되는 경우가 많다. 사회보장, 복지, 또는 사회부의 장관이 될 수 있다. 하지만 행정에 관한 궁극적인 책임은 정부부처 중 어느 하나에 머무르지 않고 여러 단위에 걸쳐 있는 경우가 많다. 사회부 장관 이외에도 보건의료체계를 책임지는 보건부 장관이나 실업에 대한 사회적 보호를 책임지는 고용부 장관이 있을 수 있다. 예외적으로 어떤 활동영역에 대한 권한을 가진 장관이 그 영역에서 활동하는 사람들의 사회적 보호에 대한 권한을 함께 가지고 있을 수 있다. 구체적으로, 교통부 장관의 경우 철도직원의 사회보장에 대해 권한을 가지고, 내무부 장관이 경찰의 사회보장에 대해 권한을 가지는 등이다. 그 결과 사회보장에 일정 권한을 가지고 있는 여러 장관들이 모여 정부조직 내에 특별내각을 구성해야 할 필요가 생긴다. 어떤 나라에서는 '사회보장'이라는 단어나 심지어 '사회'라는 단어가 장관의 명칭으로 금지되기도 해서, 예를 들어 '노동과 연금 장관'과 같은 용어가 사용된다.

　때때로, 사회보장담당 장관(들)을 지원하는 한 명 또는 여러 명의 차관이 있을 수 있다. 사회보장행정에서 그 권한을 행사하기 위해, 장관은 전문성 있는 공무원으로 구성된 행정부처에 의존하게 된다. 사회보장영역에서 장관의 권한은 정책을 마련하고 감독하며 공동의 이익을 지키는 것을 보통 의미한다. 그 외에도 여러 가지 입법권한을 가질 수 있다.

사회보장행정의 분산화와 분권화   어떤 국가에서는, 중앙부처에서 기여금의 징수와 사회보장급여의 분배를 다루는 것이 적절할 수 있다. 하지만 이런 기능이 항상 중앙단위에서 수행되는 것은 아니다. 중앙부처는 최소한 소속 현장조직―전국에 분포되어 있을 수도 있고 그렇지 않을 수도 있다(외적·내적 '분산화')―을 이용하게 된다. 하지만 대부분의 경우에 '분산화(deconcentration)'에서 한 걸음 더 나아간다. 즉, 기능적으로 분권화되거나 지리적으로 분권화되거나 두 가지 측면 모두에서 분권화된 행정기구들에게로 행정이 분권화된다. 여기서는 먼저 기능적 분권화를 살펴보고 다음으로 지리적 분권화에 대해 살펴보겠다. 우선 기억해야 할 것은, 이 두 가지 형태가 결합되는 경우가 많고, 기능적 또는 지리적으로 분권화된 행정기구가 결국 권한의 '분산화'를 의미할 수 있다는 점이다.

사회보장행정의 기능적 분권화   기능적 분권화(functional decentralization)라는 것은, 권한이 전문 혹은 비전문 공공기구나, 준공공기구나, 영리 혹은 비영리 민간기구에 이전되는 것을 뜻한다.

사회보장행정의 일부를 담당하도록 공공기구가 법인으로 만들어지는 경우가 종종 있다. 사회보장 자원의 조성과 관리를 담당하는 다양한 기금이나 기관, 피보험자 관리를 담당하는 기관, 사회보장체계의 특정 분야에 대하여 권리와 급여를 정하는 담당 기관 등을 생각해 볼 수 있다.

이러한 공법상 행정기구는 소위 준공공 행정기구와는 구분되어야 한다. 준공공 행정기구는 (공법상에서) 법인격을 가지며 자율성을 갖는다. 사회보장행정의 일부를 위임받을 수도 있다. 하지만 이 경우, 그 위원회가 정치권력의 대표자들로 온전히 혹은 대부분 구성되지 않기 때문에 순수하게 공법상 기구라고 할 수 없다. 오히려 아주 다양한 집단이 그 위원회를 구성하게 된다. 이러한 위원회는 균형을 맞추어 구성할 때가 많다. 예컨대 근로자의 노동조합과 고용주의 조직이 공동으로 이 준공공기구를 운영하는 형태를 가진다. 완전히 동일한 수로 대표들이 구성될 수도 있고, 한 집단이 다수를 구성할 수도 있다. 후자의 경우에는 대개 근로자 집단이 다수를 점하게 된다. 정치권력은 대표를 임명하는 것으로 행정책임을 일부 담당하는 경우가 많다. 사회보장체계의 특정 분야에 직접 관련된 특정 이익집단도 마찬가지로 할 때가 있다. 환자조직, 장애인연합, 노동조합, 의료서비스를 제공하는 사람들을 대표하는 법인들이—결정적인 영향이 있을 수도 있고 없을 수도 있는 투표권을 행사하여—준공공 행정기구의 이사회를 구성하는 여러 명의 대표를 임명할 수 있다. 이러한 준공공기구의 이사회가 사회보험 가입자들이 직접 선출한 사람들로 부분적으로 또는 완전히 채워질 수도 있다. 이런 경우에 사회보장선거가 필요할 것이다. 하지만 이렇게 원칙적으로 철저히 민주적인 방식이 성공적이었다고 입증된 국가는 거의 없다.

정부가 (전부 또는 일부의) 사회보장제도 행정을 비영리 또는 상업적 민간기관에 위임하는 것도 가능하다. 사회보장제도(의 일부)를 민간기구에 넘긴다고 하여 법정사회보장의 색채가 없어지는 것은 아니다. 오히려 반대로, 이렇게 사회보장제도를 운영하는 기관을 조직적으로는 민간기구이지만 기능적으로 공법기구로 취급하는 국가가 많이 있다.

비상업적 또는 비영리 민간기구가 필요할 때가 종종 있다. 어떤 자발적 연합이 본래 특정한 사회보험이나 사회부조제도가 만들어진 기원이 되었으면서, 사회보장의 행정에서 그 이상의 과업을 부여받은 경우가 있을 수 있다. 일부 국가에서 질병기금이나 공제보험연합이 보건의료 관련 사회보장제도에 속해 있는 경우가 그 예이다. 이러한 역할을 노동조합(과 긴밀히 연관된 민간 비영리기관)이 이어받기도 하였다.

상업적 또는 영리적 민간기구가 사회보장체계의 행정에서 필요할 때도 종종 있다. 이런 측면에서 보험회사가 자주 등장한다. 이런 식으로 민간보험회사로 기능적 분권화를 하는 형태는 산업재해의 위험에 대한 제도에서 가장 흔히 볼 수 있다.

지금까지 언급한 기능적 분권화의 경우, 해당 목적을 위해 만들어진 전문기구에게 권한을 부여하거나 아니면 그 목적을 위해 특별히 만들어지지 않은 비전문기구에게 권한을 부여할 수 있다. 전자의 경우가 대부분일텐데, 다만 민간영리조직에 권한을 위임하는 경우는 예외가 된다. 그렇다 해도 다른 비전문기구에게 위임하는 형태도 여전히 존재한다. 예를 들어 사회부조의 행정은 지방정부와 같은 비전문공공기구에게로 위임되는 경우가 많다. 물론 지방정부는 지리적 분권화의 대표적인 예이다.

고용주에게 어떤 권리와 의무를 부여하는 것이 비전문기구로 분권화하는 또 다른 방법으로 보일 수 있다. 고용주가 '사회보장 행정기구'의 역할을 한다고 보는 일은 거의 없지만 말이다. 그렇지만 고용주는 수많은 사회보장제도 속에서 중요한 행정적 과업을 처리한다. 예를 들어, 고용주는 근로자의 임금에서 사회보장 기여금을 제하고 여기에 고용주의 기여금을 더해 두 배로 만들어 사회보장 행정기구에 납부하는 역할을 하는 경우가 많다. 이렇게 고용주는 사회보장의 징수기능에서 중요한 역할을 담당한다. 고용주가 분배기능에 참여하는 경우도 있다. 예를 들어 질병에 대하여 단기 사회보장급여를 지급할 책임을 질 수 있다. 과거 '사회주의' 국가에서 이런 경우가 많았다.

사회보장행정의 지리적 분권화   지리적 분권화(territorial decentralization)란, (더욱) 중앙에 있는 정부가 사회보장행정에 관한 권한의 일부를 하위부서 수준의 행위자에게 위임하는 것을 뜻한다. 따라서 중앙의 사회부처가 도나 시 단위의 기구에게 일정한 과업을 위임할 수 있다. 사실 지방기구가 해당 지역에서 사회부조제도 운영을 담당하는 경우가 많다. 기능적으로 분권화된 기구가, 단순히 분산화만 하지 않고 지리적 분권화를 하기로 결정하기도 한다. 당연히 지리적으로 분권화된 형태의 권한을 기능적으로 분권화하는 것 역시 가능하다.

지리적 또는 기능적으로 분권화된 행정기구들은, 모두 그 용어가 의미하는 바와 같이 권한을 위임한 정부조직의 감독 아래 운영된다. 부여받은 권한은 다양한 경우가 많다. 자원관리, 관련된 모든 당사자의 권리와 의무 결정, 급여지급, 집행 등이 모두 업무에 포함될 수 있다.

기능적으로 분권화된 기구이든 지리적으로 분권화된 기구이든 주요 역할은 분명하게 정해진 행정업무를 담당하는 것이다. 하지만 입법자가 예를 들어 상부기관에 대하여 조언할 권한이나 행정규율에 관한 별도의 고유 권한을 부여하는 경우가 있다. 그뿐만 아니라, 이들이 운영하는 사회보장제도에 관하여 재정적 책임을 위임하는 경우도 있다. 다시 말해, 위임받은 과업수행 비용(또는 이익)의 일부에 대해 재정적 책임을 진다.

지리적 분권화와 연방제 아래 이루어지는 권한 분배와의 차이　마지막으로, 분권화라는 용어 자체에 대해 더 명료하게 설명할 필요가 있다. 이 용어가 기능적 분권화에도 적용되기는 하지만, 특히 지리적 분권화와 관련하여 그 의미를 잘 이해할 필요가 있다. 행정구조가 분권화되었다는 것은 사회보장체계의 행정이 연방화되었다는 것과 다르다. 연방제도에서 사회보장권한이 분산되어 있는 경우, 헌법 그 자체에서 연방기구와 각 주의 기구에 각각의 고유 권한을 부여한다. 각 단위에서는 헌법이 정하는 범위 안에서 고유한 주권을 가진다. 반면 분권화의 경우에는 하나의 (중앙) 단위가 가진 권한만이 헌법에 명시적 또는 묵시적으로 담겨 있고, 입법가나 행정가가 일부의 권한을 지리적 또는 기능적으로 분권화된 기구가 행사하도록 이양하거나 위임한다. 원칙적으로 중앙정부는 언제든지 그 권한을 다시 회수할 수 있다. 중앙정부에서 분권화된 기구들에 대해 감독을 계속하는 것은 물론이다. 반면 연방구조에서는 헌법이 각 주에 부여한 권한을 연방정부가 다시 가져올 수 없다. 마찬가지로 연방정부는 각 주가 권한을 행사하는 행위에 대해 감독할 수 없다. 이런 차이를 염두에 두면, 왜 우리가 여기에서 분권화에 관하여 지리적 측면과 기능적 측면이 모두 있다고 하면서도 연방주의에 관해서는 지리적인 의미만을 다루는지 이해할 수 있을 것이다. 우리가 아는 한, 헌법이 기능적으로 정의된 사회보장기구에게 고유한 권한을 인정한 경우는 없었다. 이런 기구가 입법부의 권한을 벗어난 적도 없었다. 따라서 기능적 연방주의는 적어도 사회보장과 관련해서는 불가능하다고 보인다.

행정에서의 당사자 참여 원칙 관련된 모든 당사자들의 참여 없이 사회보장체계의 행정이 잘 작동할 수가 없다. 그렇기 때문에 사회보장제도에서는 사회보장급여의 수급자격이 있는 사람들이 단순히 수동적인 태도에 머무르지 않기를 요구한다. 대부분의 사회보장법규에서는 이러한 급여를 받으려면 신청을 하도록 한다(더 자세한 내용은 제6장 참조). 또 대부분의 사회보장법규에서는 사회보험 가입자나 사회부조 신청자에게 일련의 협력의무사항을 정한다. 이러한 의무에는 사회보장을 위해 관련된 모든 정보를 자발적으로 또는 요청 시 제공하는 것이 포함된다. 그 밖에도 어떤 양식을 기입한다거나, 사회보장신분증을 만든다거나, 고용등록을 하고, 의료검진을 하고, 채무자에게 받아야 할 금액을 청구하고, 공공복지를 위한 과업을 이행하는 등의 의무가 있을 수 있다.

사회보장체계는 오늘날 사회에서 중요한 역할을 한다. 경제적으로 볼 때에도 사회보장이 매우 중요하다. 단적으로, 각국에서 사회보장급여에 의지하여 생계를 유지하는 사람들의 수, 그리고 정부의 예산 부족 가운데 사회보장지출이 차지하는 비율을 생각해 보자. 그렇기 때문에 사회보장체계와 특히 그 규제와 행정에 책임을 지고 있는 사람들이 오늘날 사회에서 일어나고 있는 모든 일에 귀를 열어 두어야 함이 타당하다. 이런 목적으로 일부 국가에서는 사회보장이라는 주제에 관한 특별 상담기구를 만들었다. 이런 자문기구는 다양한 사회, 문화, 종교, 기타 집단을 회원으로 하여 구성되며, 사회보장행정에 직접 참여하는 것은 아니지만 사회보장에 관한 토론이나 (중요한) 의견을 피력하기 위한 자리에 초대된다.

제18장에서는 시민의 사회보장권에 대한 사법적 보호를 다룰 것이다. 때때로 수급자격 여부가 아니라 어떻게 그 자격을 금전으로 환산할 수 있는지가 문제인 경우가 있다. 달리 말하면, 사회보험 가입자나 사회부조 신청자는 사회보장권에 대한 보호가 아니라 사회보장행정의 부당한 대우로부터 보호를 받아야 할 때가 있다. 어떤 개인과 행정기관 사이에 문제가 발생할 때, 많은 나라에서 옴부즈기관의 서비스를 요청한다. 이런 옴부즈기관은 사회보장과 관련된 사안들만 특별히 다루도록 만들어지거나, 혹은 더 일반적인 과업을 담당하도록 마련되기도 한다. 옴부즈퍼슨은 행정적으로 법적 구속력이 있는 결정을 내리지는 못하지만, 직권으로 또는 진정이 있을 때 사회보장행정에서의 직권남용을 조사할 수 있고 그 뒤에 보고서를 작성하여 발표할 수 있다.

제 4 장

적용대상의 범위

기여금의 적용범위와 급여의 적용범위 앞에서도 말했듯이, 사회보장은 소득이 없거나 특수한 지출을 해야 하는 (그러한 위기에 있는) 사람들과 연대를 형성하는 포괄적인 총체를 말한다. 간단히 말해 사회보장이란 사람들 사이의 연대체라고 할 수 있다. 연대가 어디까지 포괄하는지 그 범위를 정하는 것이 그래서 아주 중요하다. 연대체에 기여금을 내야 하는 사람은 누구인가, 다른 말로 하면 사회보장 징수기능의 적용범위에 속하는 사람은 누구인가? 또, 사회적 위험이 발생할 때 사회보장 연대의 혜택을 보는 사람은 누구인가, 다른 말로 하면 사회보장 분배기능의 적용범위에 속하는 사람은 누구인가? 물론 사람들은 대체로 이 두 가지 적용범위가 같아지도록 최대한 노력할 것이다. 하지만 어느 나라의 사회보장제도에서나 사회보장에 기여금만 내고 수급자격을 얻지 못하는 사람들이 있고, 기여금을 내지 않고도 급여를 받는 사람들이 있는 것을 볼 수 있다. 그렇기 때문에 사회보장제도의 적용대상 범위를 정할 때 기여금측면의 적용범위와 급여측면의 적용범위를 구분할 필요가 있다. 다만, 이 두 가지가 상당히 비슷한 경우가 많고, 기여금측면에 대해서는 사회보장 재원조달을 논의할 때 함께 다룰 수 있기 때문에, 우선 이 장에서는 원칙적으로 수급자격을 갖는 사람들에 대해서만 이야기하기로 한다.

사회보험을 분류하는 가장 중요한 방법의 하나가 적용범위별로 분류하는 방법이라는 것에는 의심의 여지가 없다. 사회보험은 원칙적으로 그 나라에 거주하는 사람들을 모두 포괄한다. 이를 주민보험(peoples insurance)이라고 한다. 근로자집단 특히 임금소득자, 자영업자, 공무원 또는 그 하위집단에 적용되는 보험은 직업 또는 직장 기반의 사회보험이라고 할 수 있다. 주민보험과 직장사회보험 각각의 적용범위에 대해 아래에서 더욱 자세히 논의한다.

주민보험의 적용범위　주민보험 또는 보편적 사회보험은 그 나라에 사는 모든 거주민(inhabitants)을 보호한다. 거주한다는 것은 공식적으로 주민이라는 것과 일반적으로 동일한 의미가 아니다. 그 지역에 실제로 살고 있거나, 그곳에서 취득한 권리가 있거나, 그 밖에 그 나라와 실제로 강한 연관관계가 있어야 한다는 요구도 있기 때문이다. 주민보험의 네트워크 속으로 들어가려면 사회보험급여를 청구하는 당시 거주사실을 증명해야 할 것이다. 사회보험급여를 청구하기 직전 또는 과거에 일정한 기간 거주했음을 증명해야 할 수도 있다.

강제주민보험의 경우 거주민은 아니지만 그 나라에서 일하고 세금을 납부하는 사람까지 국내법으로써 적용대상에 포함하기도 한다. 반대로 거주민이기는 하지만 다른 나라에서 일하고 그 나라의 소득세 적용을 받는 사람들을 적용대상에서 제외하기도 한다.

주민보험은 그 나라의 거주민을 우선 대상으로 적용하지만 자발적 보험가입의 가능성이 열려 있기도 하다. 특히 실제 거주민이 아니지만 그 나라와 긴밀한 연관관계가 있는 경우에 그렇다. 사회보장의 보호를 적절히 받기 어려운, 다른 나라에서 상당 기간 거주하는 사람들이 여기에 해당할 때가 많다. 예를 들어, 어떤 나라에서는 제3세계 국가에 개발사업에 참여하러 떠났더라도 주민보험 가입상태를 유지할 수 있도록 가능성을 열어 두고 있다. 비거주민이라도 원한다면 주민보험에 가입할 수 있도록 열어 두는 경우, 대부분 가입자가 사회보험을 제공하는 나라의 국적을 가지고 있을 것을 조건으로 한다.

국가보건서비스를 통해 의료를 제공하는 나라에서는, 거주하고 있지 않더라도 영토 내에 합법적으로 머물고 있는 사람 누구나 그 혜택을 받도록 하기도 한다.

직장사회보험의 적용범위 직장사회보험(professional social insurance)은, 사람이라는 이유나 특정 국가의 거주민이라는 이유가 아니라, 직업활동을 이유로 사회적 보호를 제공하는 것이다. 직장사회보험이 노동인구 전체를 포괄하는 경우는 몇몇 나라에서만 발견된다. 대부분은 노동인구 가운데 집단별로 별도의 직장보험을 만든다. 예를 들어 임금소득자, 자영업자, 공무원이나, 이들의 하위집단으로 갈라질 수 있다. 직장사회보험이 전체 (또는 대부분의) 노동인구에 대해 동일하게 적용된다고 하더라도 적용대상 범위를 한 가지 공식으로 설명하게 되지는 않는다. 임금소득자나 자영업자와 같은 집합체에 대한 언급이 있게 마련이다. 이러한 범주에 대해서는 추후에 더욱 자세히 다룰 것이다.

앞에서 언급한 것처럼 일반적으로 근로시간이 주당 몇 시간에 지나지 않거나 소득이 있기는 하지만 적은 사람들은 많은 나라의 직장사회보험에서 가입대상에 포함되지 않는 것이 일반적이다.

직장사회보험이 사회보험가입자의 직업활동에 기초하지만 한 가지 조건, 즉 그 국가의 영토와 일정한 연고가 있어야 한다는 조건이 충족되어야 한다. 대체로 직장사회보험의 대상자는 그 보험제도가 적용되는 국가의 영토에서 직업활동을 하고 있거나 고용기관이 그 영토 내에 주소를 두고 있거나 거기에서 설립되어 있어야 한다. 단, 그 영토 내에서 직업활동을 하고 있지 않거나 혹은 영토와의 연고 요건을 충족시키지 못하는 경우에도 국내법으로써 자발적 가입 기회를 주는 경우가 있을 수 있다. 해외에서 직업활동을 하는 사람들(또는 이 가운데 근로자) 중 관심 있고 기타 추가요건을 만족하는 사람이 자발적으로 가입할 수 있는 특별한 직장사회보험을 만들 수도 있다. 이런 형태의 보험은 타국에서 비합법적으로 일하고 있는 사람까지 포괄할 수도 있다!

많은 나라에서 전체 임금소득자를 대상으로 하는 사회보험체계를 갖추고 있다. 이러한 임금소득자보험(wage earner insurance) 또는 근로자보험(employee insurance)은 어떤 고용주와 노동계약을 맺은 모든 사람을 포괄한다. 사회보장법에서 임금소득자라는 개념은 노동법에서 말하는 근로자 개념과 다를 수 있다. 노동법에서 근로자로 불릴 사람이 근로자보험에서 면제될 수 있고, 그 반대의 경우도 있다. 많은 나라에서 블루칼라 노동자와 화이트칼라 노동자, 즉 육체적 활동과 지적 활동을 하는 직업을 분리해서 사회보험을 적용한다.

자영업자 사회보험의 적용범위 전체 자영업자를 대상으로 하는 직장사회보험이 존재하는 나라도 있다. 하지만 대부분의 나라에서는 하나의 단일한 체계가 아니라 자영업별로 여러 유형의 사회보험체계가 있다. 즉, 기능공, 소매점주, 상인, 무역상인, 자영기업인, 자영농업인, 기타 다양한 자유직종에 종사하는 사람들을 위해 각기 서로 다른 사회보험체계가 존재할 수 있다. 모든 자영업자를 포괄하는 단일한 사회보험체계가 존재하더라도, 적용대상 범위를 소극적이고 잔여적으로 정의하는 것이 일반적이다. 노동인구 가운데 근로자나 공무원이 아닌 모든 사람들에게 적용된다는 식으로 말이다. 자영인 집단별로 사회보장체계가 별도로 마련된 나라에서는, 임금소득자나 공무원이 아니면서 자영업별로 각기 마련된 체계의 어디에도 속하지 않는 사람을 포괄하는 체계를 하나 마련하게 된다.

공무원 등 특정한 직업분야에서의 사회보장제도 공무원의 경우 별도의 사회보장체계가 있을 수 있다. 이러한 체계는 공무원에게 적용되는 일반적인 직무관련 법규와 복잡하게 얽혀 있는 경우가 많아서, 실제로 어디까지가 직무 관련 법규이고 어디서부터가 공무원 사회보험인지 알기가 어렵다. 공무원—군인과 경찰이 포함되는 경우가 많다—이라고 모두 동일한 사회보장체계에 소속되지는 않는다. 자신이 속한 정부의 형태에 따라 사회보장체계가 다른 경우가 많다. 정부기관이나 공법상 기관에 고용되어 있더라도 일부에 대해서는 사회보장을 적용할 때 공무원이라고 여기지 않는 나라가 여럿 있다. 사회보장제도와 관련해서 이들을 정부근로자라고 하여(따라서 공무원이 아님) 근로자에게 적용되는 체계에 포함할 수 있다. 정부를 위해 일하면서도 '공무원'이라고 불리지 않고 민간노동계약상에서 임금소득자로 활동하는 사람의 경우에도 마찬가지이다.

근로자, 자영업자, 공무원으로 나누어 직장사회보험체계를 구성하는 것이 일반적으로 통용되는 구분이지만 다른 구분이 불가능한 것은 아니다. 가령 각각의 직종이나 산업분야에 따라 구성할 수도 있다. 어떤 직종이나 산업분야에서 자신들만을 위한 종합적인 체계를 갖출 수도 있다. 예를 들어, 광부나 선원의 경우 별도의 사회보장체계를 갖고 있는 경우가 여러 나라에 있다. 농민이나 어민의 경우에도 마찬가지인데, 이때 자영 관리자와 그 관리를 받는 사람을 구분하는 경우가 있을 수 있고, 이 두 가지 범주를 하나의 동일한 체계에 포함시키는 경우가 있을 수 있다. 프로운동선수와 예술가를 위해 별도의 사회보험제도를 마련하는 국가도 있다. 이미 앞에서 언급했듯이, 일부 국가에서는 거의 모든 자영업 직종이 별도의 고유한 체계를 가지고 있기도 하다. 때로는 어떤 산업분야나 직업군을 일반 직장사회보험체계에서 분리하지 않고 대신 이들에게만 적용되는 특별한 보충적 제도를 마련하는 경우가 있다.

직업 구조에서 생기는 조정문제　이렇게 직장을 중심으로 사회보험체계를 구성할 때, 피고용상태에서 자영업상태로 이동한다거나 혹은 특정 직종이나 산업분야에서 다른 영역으로 이동하면서 사회보험체계의 변화로 불이익이 발생할 수 있다. 구체적으로, 근로기간이나 보험가입 기간과 관련해서 생기는 문제뿐만 아니라, 소득 관련 급여를 산정하고 취득한 권리를 보존하는 것 등과 관련하여 문제가 생길 수 있다. 연금권의 이전이 완전히 이루어지지 않는 문제는 특히 잘 알려진 것으로, 직장사회보험체계들 사이에 조정이 없거나 충분하지 않아 수급자격을 잃게 되는 상황이 발생할 수 있다.

　　물론 한 사람이 동시에 여러 가지의 직업활동을 할 수 있으며, 따라서 여러 직장사회보험체계에 가입될 수 있다. 이러한 상황을 해결하는 방법으로, 주 직장에 연결된 체계에만 소속되도록 할 수 있다. 하지만 이것은 예외적인 방법이다. 일반적으로는, 적어도 기여금에 관한 한, 사람들은 해당 직장사회보험체계에 중복하여 속하게 된다. 이때 이차적 직업활동에 대해서는 특별한 (더욱 유리한) 기여금 방식이 적용되기도 한다. 급여측면에서 볼 때, 두 체계 모두로부터 자격을 획득할 수는 있지만 이차적 활동에 해당하는 직장사회보험에서의 기여금은 완전히 혹은 부분적으로 '잃는' 일이 자주 있다. 즉, 통상적인 급여를 받지 못하게 되는 것이다. 또는 주 활동과 부가적 활동을 구분하지 않고 대신 여러 직장사회보험체계 사이에 우선순위를 정하는 방식도 가능하다. 이 경우에 급여는 최고 순위로 매겨진 체계에 의해서만—또는 그 체계에서 우선적으로—청구된다.

사회보험의 적용범위와 국적, 기여금 사회보험을 이야기할 때 대체로 국적은 무관하다. 합법적으로 그 나라의 영토 내에 살고 있는 모든 사람들이 평등한 대우를 받게 된다. 사회보험 제공 국가의 국적이 상관있는 경우는, 국적이 있으면 영토와 연고가 있어야 한다는 조건을 뛰어넘을 수 있는 경우 정도이다. 실제로 일부 국가의 사회보험제도에서는 해외에서 살거나 일하고 있는 국민들을 포괄한다. 해외에 파견되는 등의 상황이 아니더라도 그렇다.

사회보험체계의 적용범위는 대개 일반적, 객관적 기준에 기초하여 결정된다. 따라서 보험가입의 자격이 기여금의 완납 여부와 직결되지 않는다. 기여금 미납으로 인해 허용되는 청구(의 한도)에 영향이 있을 수 있지만, 그렇다고 하여 그 보험가입자 네트워크에서 배제되는 결과로 이어지지는 않는다.

사회보험체계의 행정기구에 편입되는 조건에 관해서도 마찬가지이다.

사회보험의 종료와 잔존효과 사회보험은 어느 순간 해지될 수 있다. 직장을 그만둔 때가 한 가지 예이다. 하지만 사회보험이 종료된다고 하여 반드시 급여에 대한 모든 수급자격이 끝나는 것은 아니다. 원칙적으로 현재의 급여는 유지된다. 그렇지 않더라도 사회보험 해지 후 일정 기간 발생하는 사회적 위험에 대해서는 그 순간 가입자가 아니더라도 일정한 사회적 급여를 받을 자격을 가질 수도 있다. 이런 경우를 가리켜 사회보험의 '잔존효과(after-effect)'라고 부른다.

사회보험의 잔존효과는 활동기 이후 인구에게 적용되는 사회보험과 성격이 다르다. 실제로 많은 나라에서 이미 직업활동을 종료하여 (예를 들어 연금이나 실업급여에 대한) 수급자격이 개시된 사람들에 대해서도 직장사회보험을 계속 유지하는 경우가 있다. 하지만 이는 이러한 범주를 사회보험의 적용대상 범위에 포함시킨 결과이지 사회보험의 잔존효과는 아니다.

사회적 연금이나 기타 연금제도에서 '휴면' 가입자는 하나의 특별한 집단을 형성한다. 연금제도에 가입한 적이 있지만(기여금을 납부함) 차후 그만둔(예를 들어 직장을 바꾸거나 직업활동을 종료함) 사람들을 말한다. 이 사람들의 연금청구권은 사라지지 않는다. 나중에 은퇴 시에 이 제도에 따른 급여를 (물론 자신들이 참여한 만큼 비율로 환산해서) 받을 수 있을 것이다.

직접적 피보험자와 간접적 피보험자 사회보험제도를 살펴보면, 사회보험의 (직접적) 피보험자는 아니지만 일정한 사회적 급여를 청구할 수 있는 사람들을 본다. 이런 사람들은 본인의 권리로서 수급자격을 가지고 있지는 않지만 다른 사람이 (직접) 가입한 사회보험으로부터 파생된 권리를 갖는다. 전형적인 예로는 유족연금, 고아수당, 장례급여 등을 사망자의 사회보험을 근거로 받는 경우이다. 대부분 보험가입자의 피부양자로서, 피부양 배우자 및 자녀와 기타 피부양가족들(함께 사는 형제, 자매, 부모)인 경우다. 의료보험에서 공동가입자에 대해서도 특별히 언급할 필요가 있다. 직장기반의 사회보험제도에서 공동가입자의 자격을 꽤 넓게 정의함으로써 그 나라에 살고 있는 거의 모든 거주민에게 보건의료에 대한 (고유의 또는 파생된) 권리를 성공적으로 보장하기도 한다.

본인의 권리와 파생된 권리 사이의 구분은 연금에 직접 가입한 사람과 간접적으로 가입된 사람을 연결하는 끈이 끊어질 때 특별히 문제가 된다. 예를 들어 이혼의 경우가 있을 수 있다. 이런 상황에서 간접적으로 가입되었던 사람이 곧바로 부당하게 아무 권리도 없는 상태에 놓이지 않도록 주의해야 한다. 이혼에 따른 사회보장의 효과에 대해서는 제18장에서 더욱 자세하게 다룰 것이다.

사회부조의 적용범위와 국적, 거주지　사회부조제도는 일반적(general) 부조제도와 범주적(categorical) 부조제도로 나눌 수 있다. 전자는 원칙적으로 그 나라의 모든 거주민을, 혹은 심지어 그 나라의 영토에 체류하고 있는 모든 사람을 포괄한다. 후자는 그 나라의 거주민이나 영토에 체류하고 있는 사람들 가운데 사회부조가 필요한 특정 집단에 속하는 사람들(시각장애인, 노인 등)에게만 적용된다. 일부 국가에서는 소득세 체계가 잘 갖추어져 있지 않아 자산조사를 하기가 어렵다. 이런 나라에서는 일반적 부조제도를 채택하지 않고, 대신 소득(의 일부)을 숨기지 못하리라고 가정하기 용이한 사람들을 정하여 범주적 부조제도를 실시하기도 한다.

국가에 부조를 청구하려면 그 나라의 국민이어야 함을 요구하는 경우가 종종 있다. 그 나라의 국민이면서 해외에 있는 중에 빈곤에 처한 경우, 때때로—특정한 조건 아래에서—사회부조 수급자격을 갖기도 한다.

일반적으로, 부조수급자격이 있으려면 국적만으로는 충분하지 않고 그 나라의 거주민일 것을 기대한다. 실무적으로 부조수급자격이 있는 사람은 해당 국가 내 (공식 또는 비공식) 거주지를 명시해야 한다. 이렇게 하는 목적은 부조제도를 운영하게 될 소관 지방정부에 급여를 신청하도록 하려는 것이다. 하지만 이로 인하여 홈리스의 경우 부조 수급자격이 있는데도 결과적으로 급여를 받기 힘들어지는 문제가 생기게 된다. 지방당국이 이들에 대해 자신의 소관범위 밖이라고 생각할 수 있기 때문이다. 일부 국가에서는 이러한 사람들을 위하여 '부조기준지(assistance domicile)', 즉 법적으로 거주지로 인정되는 장소를 정함으로써 문제를 해결한다. 이때 정하는 거주지는 가장 최근에 실제 거주했던 장소이거나 태어난 장소인 경우가 많다. 부조기준지를 배당하는 것은 해당 지방정부 관할 내에 거주지를 정하려고 하는 부조 신청인의 수가 과도하게 많은 경우에 문제를 해결하는 하나의 방도가 될 수 있다. 예를 들어 관할 지역 내에 노인, 장애인, 유기아동을 위한 온갖 종류의 가정과 보호시설이 있는 경우에 그렇다.

부조는 대체로 부조수급자격이 있는 사람에게 개인적 권리로 제공된다. 다만, 가족구성에 따라 부조의 범위가 달라질 수 있다. 사회부조제도가 가족에 대한 부조로 제공되는 경우는 아주 예외적인 경우로 한정된다. 그 이유는 가족이란 단위가 대개 법적 지위를 갖지 않기 때문이다.

미등록 이주노동자에 대한 사회적 보호 그 나라에서 비합법적으로 일하고 있는 외국인에 대한 사회적 보호는 어느 나라에서나 매우 복잡하고 논쟁이 아주 많은 사안이다. 이 문제에 대한 해결점은 두 가지 극단적인 입장 사이 어딘가에 있을 수 있다. 한편의 입장은 외국인이 불법으로 체류하고 일하고 있으므로 사회적 보호에 관해 어떤 권리도 가지지 않는다는 것이다. 다른 한편의 입장은 사회보장은 인권이고 따라서 불법적 신분에 관계없이 모든 사람에게 제공되어야 한다는 것이다. 이에 대한 구체적인 해결책은 나라마다 다르다. 그렇더라도 미등록 이주노동자에 대한 사회보장의 문제를 조금 더 자세히 살펴보고 제시된 해결책을 위한 지침이 될 수 있는 조금 넓은 원칙을 찾아보도록 하겠다.

긴급하고 필요한 보건의료에 대해서는 미등록 이주노동자라는 이유로 거부하지 않는다. 이들이 인간 존엄성을 지키며 살아나갈 수 있도록, 가장 가난한 사람에게 제공하는 사회부조의 경우 이들이 출국명령을 받지 않았고 계속 체류할 수 있는 이상 거절되지 않는다.

사회부조급여의 내용과 급여의 수준은 미등록 이주자가 최종적으로 어떤 지위를 얻게 되는지에 따라 달라지곤 한다. 미등록 이주노동자가 결국 강제추방 될 것이라면 통합을 주요 목적으로 하는 급여 제공(예를 들어 직업재활)은 설득력이 떨어진다. 미등록 이주자(미등록 이주노동자)의 범주를 만들어 별도의 급여 또는 급여항목을 적용할 수도 있다. 구금시설에서 추방대기 상태에 있다면 주로 현물서비스를 받게 된다. 미등록 이주노동자가 너무 많이 몰리지 않도록, 정식으로 난민신청을 하지 않은 이상 어떠한 재정적 지원도 제공하지 않고 부조를 현물급여의 형태로만 제한하는 나라도 있을 수 있다. 난민 재신청자(예를 들어 '새로운 정보'에 입각해서)의 경우에는 그 나라에 체류할 가능성이 더 낮다고 보고 재정적 지원을 현물서비스로 전환하기로 결정하는 나라도 있을 수 있다.

아동의 경우, 합법적 자격을 취득하지 않고 그 나라에 체류하고 있더라도 해당 국가의 아동에게 제공되는 사회적 및 기타 보호(아동급여에 대한 권리 등)를 받아야 한다.

어떠한 경우든 미등록 이주노동자에 대하여 사회적 보호에 대한 권리를 일부 인정한다고 해서 추방을 막을 수 있는 것은 아니다. 더 어려운 질문은, 미등록 이주노동자에게 급여를 제공하는 행정기관이 이 사실을 이민국에 알려야 하는가이다.

사회적 보호에 대해 보편적 접근을 채택한 국가에서는 특히, 거주에 관계되는 다른 권리들에 대해서까지 미등록 이주노동자의 권리를 인정하는 것이 적절하지 않아 보인다. 보편적 제도가 주로 국가예산으로 재정이 마련되고 미등록 이주노동자는 보통 소득세를 내지 않기 때문에, 이러한 미등록 이주노동자가 보편적 소득대체급여에 대한 자격을 갖는 것이 별로 적절하지 않을 것이다. 하지만 간접세가 사회보장재정의 상당 부분을 차지한다면 이런 식의 생각이 설득력을 잃는다.

소득대체가 직업활동과 연결되어 있는 경우에, 미등록 이주노동자는 보통 비공식 경제부문에서 활동할 것이고 이 경우 지하경제에서 일하고 있는 내국인과 비슷하게 취급되어야 한다. 이러한 노동자는 원칙적으로 대개 사회보험에서 제외되지만 예외가 있을 수 있다. 예를 들어 많은 나라에서 산업재해를 당한 노동자가 등록상에 존재하지 않더라도, 달리 말하면 그 노동자가 비공식 경제부문에 종사하고 있더라도, 사회보장이나 고용주로부터 특별보상을 받을 자격을 갖는다.

미등록 이주노동자가 그 나라에 체류하는 것은 불법이지만 외견상 합법적으로 고용이 되었을 때 상황은 더 복잡해진다. 이런 상황은 미등록 이주자를 보통의 합법적 노동자인 것처럼 취급하여 고용주가 고용사실을 보고하고 사회보장기관은 그를 사회보장에 등록한 결과로 발생할 수 있다.

마지막으로, 체류와 노동이 '묵인되는' 회색지대에 있는 비국민(non-national)에 대해 생각해보자. 비국민자의 체류와 노동이 허용되지 않지만 그럼에도 불구하고 묵인되는 상황(예를 들어 인본주의적 이유가 있거나 혹은 본국에서 일어나고 있는 재난이나 질병 때문에 본국으로 돌려보내는 것이 불가능한 상황 등)을 인식하고 있는 나라들이 분명 많이 있다. 이런 사람들에 대한 사회보장은 나라마다 크게 달라서, 이들을 통합하려는 관점부터 상황이 허락하면 본국으로 보내려고 하는 것까지 천차만별이다.

적용범위 이외의 다른 유의점 대부분의 사회보장제도에서는 사회적 위험이 발생하기 전에 이미 제도가 보장하는 사람들에 대한 지식을 가지고 있다. 이런 제도에서는 피보험자를 관리한다. 어떤 제도에서는 사회적 위험이 발생해야 비로소 피보험자에 대하여 알게 된다. 이런 제도에서는 사건을 관리한다.

이 장을 마치기 전에 한 가지 더 이야기하고자 한다. 앞에서 언급한 바와 같이, 사회보장은 사회적 위험(의 위기)에 당면한 사람들 사이에 연대를 형성하는 것이고, 그렇기 때문에 사람들 사이에 또 집단들 사이에 금전의 이동이 일어난다. 이러한 연대는 하나의 동일한 세대 안에서(예를 들어, 건강한 사람과 아픈 사람 사이 혹은 근로자와 실업자 사이 등) 작용할 수 있다. 이를 세대 내 연대 또는 수평적 연대라고 부른다. 한편, 세대 간 또는 수직적 연대, 즉 여러 세대 사이의 연대가 오늘날에는 점점 더 중요해지고 있다. 세대 간 연대가 재분배에 기초한 노령연금이나 퇴직급여에서 중요한 부분을 구성한다는 것은 더 말할 필요도 없다. 세대 간 연대란 젊은 사람들, 즉 더 활동적인 인구집단이 이전 세대가 청구하는 사회보장(특히 연금)을 기꺼이 충족시킬 것임을 의미한다. 동시에, 현세대가 후속 세대에 비합리적인 부담을 지울 만한 청구를 하지 않겠다는 의사 역시 내포한다.

마지막으로, 선별성(selectivity)과 보편성(universality)이라는 개념적 한 쌍은 적용대상의 범위와는 관련이 없고 그보다는 사회보장급여를 실제로 필요한 사람에게 지급하는지, 아니면 정말로 필요한지 여부에 관계없이 일반조건을 충족하는 사람에게 지급하는지의 문제와 관련 있다는 점을 지적할 필요가 있겠다.

제 5 장

사회적 위험

사회적 위험의 범위　이 책에서 우리는 사회보장이란 소득이 없거나 특수한 지출을 해야 하는 (그러한 위기에 있는) 사람들과 연대를 형성하는 제도들의 총체라고 정의하였다. 이러한 정의는 사회적 위험(social risk)이라고 '인정되는' 것이 존재한다는 것과 연결된다. 위의 정의에서는 '인정된 사회적 위험'의 의미를 열어둠으로써 새로운 문제가 나타날 때 사회보장에서 그에 대한 새로운 대응을 발전시킬 수 있도록 하고 있다.

　사회적 위험을 나열할 때, 문헌에서는 국제노동기구 협약 제102호에서 나열한 목록에서 출발하는 경우가 많다. 이 협약 제102호에서는 사회보장의 최소기준을 제시하는데, 구체적으로 의료, 질병급여, 실업급여, 노령급여, 업무상 재해급여, 가족급여, 모성급여, 장애급여, 유족급여가 포함된다. 이러한 목록이 사회적 위험보다는 급여제도에 결부되어 있다는 사실은 상당히 특징적이다. 다른 대안적 접근이 있을 수도 있는데, 어떤 특정한 구조에 경도된 관점을 갖게 된다는 뜻이다. 그럼에도 불구하고 이 목록에서 여러 가지 (인정된) 사회적 위험을 가리키고 있는 것도 사실이다. 즉, 보건의료 요구, 질병, 실업, 노령, 업무상 재해, 가족부양, 임신·출산, 장애, 파트너의 사망 등의 사회적 위험이다.

이 책에서는 사회적 위험을 노령(제7장), 노동능력상실(제9장), 실업(제10장)으로 인해 (더 이상) 일을 하지 않아 소득이 없는 것, 생활비를 벌던 파트너의 사망으로 소득이 없어지는 것(제8장), 자녀와 기타 다른 피부양가족을 키우거나 돌보는 데 특별한 지출이 있는 것(제11장), 보건의료(에 드는 비용보장) 요구가 있는 것(제12장), 인간다운 생활을 유지할 만한 자산이 없는 것(제14장) 등으로 구분하여 각 장에서 다룰 것이다.

이런 접근이 국제노동기구의 접근방법과 여러 군데에서 차이가 있다는 것을 아마 눈치채게 될 것이다. 예를 들어 산업재해에 관해 별도의 장을 구성하지 않았고, 임신·출산이나 질병, 장애에 대해서도 별도로 논의하지 않는다. 반면 빈곤이라는 위험을 별도로 구분한다. 이에 더하여 독립성의 상실 또는 의존이라는 위험(제13장)을 추가하였다. 이에 대해 조금 더 자세히 살펴보자.

사회적 위험의 구분 특정 법체계의 규정에서 벗어나 현실적으로 생각해 보면, 질병과 장애 사이에 사실상 큰 차이가 없다는 것을 깨닫게 된다. 두 가지 모두, 노동능력상실으로 인해 소득이 없는 상황을 보완하는 성격이 있다. 물론 많은 국가의 사회보장체계에서 단기적 또는 일시적 노동능력상실과 장기적 또는 영구적 노동능력상실을 구분하기도 하지만, 보장하고자 하는 위험은 여전히 본질적으로 같다. 산업재해, 직업병, 임신·출산시의 소득대체급여와 같이 노동능력상실을 초래하는 원인별로 설계된 특별한 우대제도들도 모두 마찬가지이다.

산업재해제도, 직업병제도, 임신·출산제도에서는 대부분 다른 사회적 위험까지도 포괄한다는 점을 짚고 넘어가야 겠다. 일반적으로 이런 제도에서는 더 유리한 조건으로 보건의료를 제공하며, 때때로 유족급여를 제공하기도 한다(즉, 산업재해나 직업병으로 인한 피해자의 유족에게 급여를 제공한다). 산업재해제도, 직업병제도, 임신·출산제도가 가지는 이러한 측면에 대해서는 유족, 노동능력상실, 보건의료에 관한 각 장에서 다루도록 할 것이다.

우리가 특정 법구조상의 사회적 위험에 중심을 두고 이야기하지 않기로 했으므로, '산업재해', '직업병', '임신·출산'이라는 주제에 관해 이 장에서 조금 더 설명하려고 한다. 다만, 그 전에 먼저 왜 우리가 '인간다운 생활을 유지할 만한 자산의 결핍'(즉, 빈곤)을 하나의 구분되는 사회적 위험으로 인정하는지 설명하고자 한다. 앞에서 말한 것과 같이 일부 국가에서는 '사회보장'이라는 (전체적인 또는 상위의) 개념을 사용하지 않거나, '사회보장'이라는 말을 '사회보험'과 동일한 개념으로 사용한다. 때때로 국제기구들도 같은 태도를 취하는 것처럼 보이기도 한다. 반면 사회보장을 연구하는 학자 가운데 '사회부조'가 사회보장의 통합적 부분의 하나라는 사실을 부인하는 사람은 아무도 없다. 그래서 우리는 '빈곤'이라는 위험에 대해 하나의 장을 구성하면서 일반적 사회부조에 대해 초점을 두기로 한다. 범주적 부조제도는 사회적 위험과 관련해서 볼 때에는 '복합적 특징'을 가진 경우가 많다. 예를 들어, 노인을 위한 부조제도는 '노령'이라는 위험과 '빈곤'이라는 위험을 함께 포괄하는 것으로 볼 수 있다. 따라서 실용적인 측면에서 우리는 범주적 제도들을 '빈곤'이라는 제목보다는 각각에 해당하는 사회적 위험 아래에서 다루기로 한다.

산업재해   사회법이 발달하는 과정에서 대응해야 했던 최초의 문제 가운데 하나가 안전하지 않은 작업환경이었다. 적절한 안전예방책이 없거나, 기계작동을 위한 안전조치가 충분히 마련되어 있지 않은 등의 이유로 수많은 노동자들이 직업장에서—사망하기도 하고—심각하게 다쳤다. 그래서 안전한 작업환경을 조성하여 산업재해를 상당히 예방하면서, 이와 함께 사회보장을 구축하는 데 수년 동안 몰두하였다. 하지만 여전히 근로자들은 이러한 사고로 희생을 당한다. 여기서 산업재해의 개념이 시간이 지나면서 점점 더 넓어졌다는 점을 짚고 넘어가야 할 것이다. 일반적으로 산업재해란 근로활동 중에 발생한 사고를 말한다. 하지만 노동과 사고 사이의 관계를 기술하는 방식은 국가마다 서로 다를 것이다. 어떤 나라에서는 근로시간 중에 사고가 일어났다는 사실만으로 충분한 반면, 어떤 나라에서는 그 사고가 실제로 노동계약을 이행하는 중에 발생했을 것을 요구하기도 한다. 많은 나라에서 집에서 직장으로 (또는 그 반대로) 가는 길에 일어나는 사고 역시 산업재해로 본다. 위험에 처한 사람을 구조하면서 일어나는 사고에 대해서도 마찬가지이다. 대부분의 나라에는 어떤 사고가 산업재해로 인정될지 여부에 관해 정교한 판례가 존재한다. 근로자가 산업재해 사실을 좀 더 쉽게 입증할 수 있게 입법자가 특별한 증거규칙을 제정하는 경우도 종종 있다.

사회보장에서 산업재해에 대해 (다른 종류의 사고와 비교해) 특별한 제도나 조치를 마련하는 이유는, 다른 곳보다 산업재해가 더 많은 사업장이 사회보장 기여금을 더 많이 내도록 한다거나, 일반사고 피해자보다 더 좋은 조건의 혜택을 제공하려는 목적 때문일 것이다. 산업재해 피해자는 임금의 손실뿐만 아니라 건강상의 손상까지도 고려하여 더 높은 급여를 받게 된다. 또, 고용주가 만들어 놓은 의료서비스를 의무적으로 이용하는 경우도 있지만, 대부분의 경우 전면 무상의 의료혜택을 받는다.

이런 우대를 제공하기 위해 산업재해 사회보험을 별도로 만들 수도 있지만, 노동능력상실, 유족급여, 보건의료와 같은 제도 속에 통합할 수도 있다. 예외적인 경우로, 산업재해와 직업병을 하나의 직장건강손해 사회보험(professional health damage social insurance)에서 보장할 수 있다.

직업병 근로자의 건강이 사고처럼 갑작스러운 일로 손상되기도 하지만, 해로운 작업환경(특정 물질이나 광선)에 장기간 노출됨으로써 나빠질 수도 있다는 것이 시간이 지나면서 중요하게 부각되었다. 이런 손상은 산업재해와 같이 즉각 생기는 것이 아니다. 아주 나중에, 심지어 노동계약이 종료된 이후에 드러날 수도 있다. 따라서 직업병은 예컨대 이것이 직업상 얻은 질병임을 입증하는 문제 등 특별한 문제점을 가지고 있으며 이에 대해 특별한 대응이 필요하게 된다. '직업병'이라는 개념은 일반적으로 건강에 해로운 작업환경에 노출되면서 발생하는 장애나 질병을 가리킨다. 일반적으로 직업병을 다루는 방법에는 정의하는 방식과 목록을 나열하는 방식의 두 가지가 있다. 전자의 경우, 즉 '개방형 정의(open definition)'라는 접근에서는, 모든 장애나 질병이 직업병이라고 인정될 수 있지만 피해자는 자신의 과거 직업활동과 질병의 출현 사이의 인과관계를 입증해야 한다. 반면 목록을 나열하는 방식에서는, 해당 질병이 사전에 만들어진 직업병 목록에 언급이 되어 있어야만 직업병으로 인정될 수 있다. 만일 어떤 사람이 목록에 나열된 질병을 가지고 있으며 그 질병이 업무상의 위험한 노출과 상응한다면, 질병과 노동 사이에 인과관계가 있다고 추정한다. 노출 자체는 해당되는 위험한 노출이 존재하는 (역시 목록에 나열된) 산업이나 활동 영역에서 종사했다는 증거를 제출함으로써 간단하게 증명될 수 있다. 오늘날 대부분의 나라에서는 '목록 방식(list approach)'을 활용하면서 '개방형 정의' 방식으로 보완하는 방법을 취한다. 즉, '혼합' 기준을 채택하여, 목록을 기준으로 운영하면서 동시에 피해자는 본인의 (목록에 포함되지 않은) 질병이 실제로 건강에 해로운 작업환경에 노출되어 발생한 것이라는 (더 어려운) 증거를 제출할 기회를 갖는다.

산업재해의 경우와 마찬가지로 무엇이 직업병에 해당하는가에 대해 정교한 판례가 있는 경우가 많다. 유사하게, 입법자는 근로자가 직업병을 더 쉽게 입증할 수 있도록 특별한 증거규칙을 마련하는 경우가 종종 있다.

사회보장의 측면에서 어떤 질병이 사실은 직업병임을 고려하는 이유는 산업재해에서와 상당히 유사하다. 직업병이 더 자주 발생하는 산업의 고용주가 기여금을 더 많이 내도록 하거나 일반적인 경우보다 더 좋은 조건의 혜택을 주기 위해서이다. 직업병 환자는 따라서 소득의 손실뿐만 아니라 인적 손상까지도 고려하여 더 높은 수준의 급여를 받게 된다. 직업병의 피해자는 대부분 전면 무상으로 의료혜택을 받는다.

더 좋은 조건을 제공하기 위해 별도의 직업병 사회보험제도를 만들 수 있지만, 노동능력상실, 유족연금, 보건의료를 다루는 다른 제도에 통합시킬 수도 있다. 산업재해와 직업병을 모두 하나의 직장건강손해 사회보험에서 포괄하는 예외적인 경우도 있다.

직업병 제도에서는 특이하게, 질병이 발생하지 않도록 예방하는 목적의 급여도 제공하는 경우가 있다. 이에 따라, 건강에 해로운 직업 환경에서 일을 계속한다면 직업병에 걸릴 가능성이 높은 사람들에게 소득대체급여(또는 급여가 적은 직종으로 전환하는 경우에는 직업소득을 보충하는 급여)를 제공한다.

산업재해나 직업병에 관한 사회보험제도는 다른 사회보장분야와 달리 근로자가 아니라 고용주를 피보험자로 한다. 사실 이런 제도들은 본래 고용주의 (객관적) 책임(liability)을 보장하던 보험에서 기인한 경우가 많다. 그렇기 때문에 이런 제도의 관리운영이 고용주나, 고용주조직이나, 민간보험업자에게 맡겨지는 경우가 종종 있다.

산업재해나 직업병에 대한 사회보험제도가 근로자와 공무원에게만 (때로는 블루칼라 노동자에 대해서만) 적용될 수 있다. 때로 자영업자를 보호하는 제도가 강제적 또는 자발적인 형태로 제공되기도 한다.

임신·출산 임신·출산(maternity)은 그 자체로 하나의 사회적 위험이라고 분류되곤 한다. 하지만 가까이 들여다보면 이것은—원인의 측면에서—노동능력상실의 한 형태, 즉 보건의료가 필요한 상태임을 알 수 있다. 다른 경우에서와 마찬가지로, 보건의료가 요청되는 이 구체적인 원인을 고려하여 우대 제도를 마련하게 된다. 이 말의 의미는 대부분, 임신과 출산과 관련된 의료서비스가 무상으로 제공된다는 뜻이다. 모성보험(maternity insurance)에서 특징적인 것은 출산 전후 몇 주 동안 일을 할 수 없다는 것이 반박의 여지없이 가정되며 따라서 노동능력상실로 인한 임금 손실을 보장한다는 것이다. 모성보험의 수급자는 보통 다른 노동능력상실자보다 더 높은 급여를 받는다. 이 경우에도 더 좋은 조건을 제공하기 위하여 모성보험을 별도로 만들 수도 있고, 모성보험을 노동능력상실 및 보건의료에 관련된 다른 제도 속에 통합할 수도 있다.

모성급여와 함께 부성급여(paternity benefit)를 제공하거나, 모성급여의 수혜를 받을 모가 (더 이상) 없을 때 부성급여를 제공하는 경우가 있을 수 있다.

위에서 언급한 모성(및 부성)급여제도는 부모가 집에서 어린 자녀 또는 아픈 자녀를 돌볼 수 있도록 사회보장급여를 제공하는 경우와 구분되어야 한다. 이에 관해서는 요양보험(care insurance)에 대해서 다루면서(제13장) 논의할 것이다.

사회적 위험에 대한 인정 이제 우리의 초점인 사회적 위험에 대한 논의로 다시 돌아가 보자. 지금쯤이면 어떤 사회적 보호요구가 '사회적 위험'이라고 인정되는지는, 그 사회가 어떤 것을 일반적으로 사회적 위험이라고 믿고 해당되는 문제가 발생했을 때 제도적으로 보장하는 법을 제정하는지로 드러난다는 것이 분명해졌을 것이다. 이렇게 어떤 사회적 보호요구가 사회적 위험이라고 인정되는지 여부는 시대에 따라 달라질 수 있다. 어떤 요구는 하나의 (구별되는) 사회적 위험이라고 별로 인정되지 않는 반면, 다른 요구는 더 쉽게 사회적 위험이라고 인정된다. 사회적 보호에 대한 어떤 (부분적) 요구가 하나의 동일한 표제 아래에 영원히 있을 것이라고 볼 수도 없다. 다른 사회적 위험 속으로 재편입될 수가 있다.

이에 대해서는 나중에 더 자세하게 이야기하겠지만 우선 용어에 대해 몇 가지 설명을 하고자 한다. '사회적 위험'이라고 지금까지 사용되어 온 표현을 볼 때, 여기서 '위험'이라는 말은 사람의 의지로 어찌할 수 없는 미래의 불확실한 사건이라는 보통의 의미로 해석될 수 없음을 눈치챘을 것이다. 예를 들어 은퇴연령에 가까워진다는 것을 '위험'이라고 부르기는 어려울 것이다. 돌보아야 할 자녀가 있다는 것도 (바라건대) 마찬가지이다. 이 맥락에서 위험이란 말은 사회적 보호가 요구되는 상황 또는 사태를 의미한다. 그렇지만 우리는 사회적 '위험'이란 말을 계속해서 쓸 것이다. 이 표현이 통상적으로 넓게 사용되고 있기 때문이다. 그럼에도 불구하고 어떤 책에서는 '사회적 위험'이라는 말 대신 '사태(eventuality)'라는 말을 선호하기도 한다.

과거에 사회적 위험이라고 인정되었던 것 중에서는 지금도 여전히 사회적 위험이라고 인정해야 하는지 의문을 가질 만한 것들이 있다. 특히 입법자가 이에 해당하는 급여제도를 폐지하기로 결정한 경우에 그럴 수 있다. 이런 점에서 '유족' 위험에 대해 생각해 볼 수 있다. 남편과 아내의 역할이 명확히 나뉘어진 사회에서는—남성은 밖에서 일하고 여성은 주부와 엄마로 존재하고—가족소득의 유일한 원천, 즉 남편의 임금을 잃는 경우 살아남은 친족(들)을 사회적으로 보호해야 할 중대한 필요성이 있는 것이 당연하다. 하지만 모든 사람이—결혼한 경우 양쪽 파트너가 모두—본인과 가족을 위해 소득활동을 하도록 기대되는 (더욱 현대적인) 사회에서는, 배우자 사망으로 당면하는 새로운 상황에 적응하는 기간에 도움이 필요한 것을 제외하고는 특별히 사회적 보호를 제공해야 할 필요성이 크지 않다. 여전히 파트너 중한 명이 가사일을 하기로 선택하는 경우가 있으리라는 점을 들어 이에 반대하는 사람도 분명히 있을 것이다. 물론 사실이지만, 이것은 가족 내부에서 결정하는 사안이고, 그렇기 때문에 다시 말하지만 유족인 배우자가 노동시장에 들어갈 수 있도록 적응하는 동안 돕는 것 말고는 더 이상의 외부적 관여가 필요 없을 수 있다. 하지만 이러한 논증

이 모두를 포괄하는 것은 아닐 테고 여전히 구사회 모델에 맞추어 살아가는 구세대에게는 맞지 않을 것이 분명하다. 하지만 이 '유족' 위험이라는 것이 시간이 지나도 계속 유지될지에 대해서는 의문이 남는다. 적응급여와 같은 '유족'과 관련된 사회적 보호요구의 일부는 예를 들어 '실업'이라는 표제 아래 분류될 수 있다. 일부 국가에서는 입법자가 이미 그러한 방향으로 가고 있는 것으로 보인다. 강조하건대, 어떤 사회적 위험이 사회보장체계에서 인정될 때, 사회보장체계는 이 사회적 위험을 아주 조용히 '발표'할 뿐이다.

사회적 위험이 인정받는 과정　사회에서 사회적 보호가 요구되는 곳은 아주 많다. 인간의 사회적 안전을 위협하는 요소들이 갈수록 증가하면서 보호요구의 목록이 길어질 수 있다. 그렇다고 이런 추론이 사회보장체계가 모든 요구를 매번 새로운 사회적 위험으로 인정하게 될 것이라고 말하는 것은 아니다. 사회적 보호가 필요한 새로운 요구 중 상당수가 이미 존재하는 '인정된' 사회적 위험의 틀 속에 흡수될 수 있다. 이런 요구가 사회보장의 범위 밖에서 충족될 수도 있다. 반면, 사회보장의 요구가 매우 두드러지고 아주 특징적으로 드러나 새로운 하나의 온전한 사회적 위험으로 인정해야 한다는 주장이 받아들여지는 경우가 있을 것이다. 그렇다면 사회적 보호가 요구되는 사회적 위험이라는 인정을 누가 혹은 무엇이 최종적으로 끌어낼 것인지 결정하는 것이 어려운 문제가 된다. 어떤 경우에든, 입법자가 이 과정에서 중요한 역할을 담당하게 된다. 문제가 되는 사태에 대하여 적절하고 일관성 있는 법이 제정되고 실행되는 등의 과정을 통해 새로운 사회적 위험이 인정받게 된다. 어떤 사회적 보호요구가 사회적 위험이라고 인정받게 되는 데 다른 역할들도 중요하다. 언론이나 여론이 그 예이다. 그러므로 객관적으로 똑같은 사회적 보호요구라도, 어떤 나라나 사회보장체계에서는 사회적 위험이라고 인정되는 반면, 다른 나라나 사회보장체계에서는 사회적 위험이라고 인정되지 않을 수 있다.

혼자 힘으로 일상생활을 영위하지 못하는 사람을 돌보아야 한다는 요구가 최근에 들어 상당히 많은 나라에서 사회적 보호요구의 하나로 인정되기 시작한 대표적인 예이다. 이미 많은 나라에서 혼자 힘으로 일상생활을 하지 못하는 사람(먹고, 입고, 서는 등)에 대한 사회적 보호요구에 대해 사회보장을 통해 일부 대응을 마련하고 있었다. 노동능력상실제도나, 노령연금과 퇴직급여, 보건의료제도나 가족급여제도, 혹은 사회부조 안에서 이에 해당하는 제도를 발견할 수 있다. 이런 제도가 서로 다른 표제 아래에 분류되어 있을 수도 있다. 하지만 앞에서 언급했듯이, 독립성의 상실이나 의존에 대한 이런 대응은 부분적인 대응에 지나지 않는다. 결과적으로, 일상생활을 영위할 능력이 심각하게 손상된 수많은 사람들, 어떤 질병이나 사고와 상관없이 그렇게 되었을 수도 있는 사람들이 적절하게 사회적 보호를 받지 못하는 상태에 처하게 된다. 따라서 우리는 '돌봄'(또는 '의존' 또는 '독립성의 상실')이라는 위험을 전통적 사회적 위험의 목록에 추가하여 넣고 이 새로운 위험을 위해 하나의 장을 할애하기로 한다(제13장).

이렇게 볼 때 어떤 (부분적) 사회적 보호요구가 어떻게 국가의 사회보장체계마다 서로 다른 표제로 인정된 사회적 위험으로 보장되는지 알 수 있다. 이런 예들이 상당히 많다. 고령의 근로자가 보통의 은퇴연령에 이르기 전에 노동시장에서 나올 수 있도록 하는 제도를 어떤 경우에는 실업제도라고 볼 수 있지만, '노령'이라는 사회적 위험에 대한 대응이라고 볼 수도 있다. 아픈 자녀를 돌보기 위해 며칠 동안 휴가를 사용하는 부모에게 제공하는 급여가 어떤 나라의 사회보장체계에서는 노동능력상실제도의 일부가 될 것이고, 다른 나라에서는 가족수당에 해당할 수 있다.

이렇게 국가의 사회보장체계마다 인정된 사회적 위험을 다루는 방식이 다양하다는 것은, 가끔씩 하나의 동일한 체계 안에서 사회보장제도들 사이에 차이가 발생할 때 이를 교묘하게 이용하는 것과 혼동되어서는 안 된다. 하나의 동일한 체계 안에서 서로 '연관된' 사회적 위험에 대한 보호가 아주 다른 경우, 이에 대해 이해관계가 있는 사람(수급자격이 있는 사람과 때때로 그 고용주를 포함)은 자신에게 더 유리하게 작용하는 사회적 위험에 대해 피해를 주장하려고 노력하는 경향이 있을 것이다. 예를 들어 직업이 없는 사람의 경우, 혜택수준이 더 낮고 기간이 제한된 실업급여에 머무르지 않고, 장애인으로 인정받아 이에 해당하는 연금을 받기를 선호할 수 있다.

제3자에 대한 배상청구　어떤 위험에 대해 사회보장을 제공하면서 일부 보장급여비용을 그 위험에 대해 책임이 있는 사람들로부터 사회보장(행정)을 통해 환수한다고 할 때, 완전히 다른 쟁점이 문제가 된다.

만일 어떤 사람이 자신의 법적 의무(예를 들어 위자료를 지급하는 등)를 이행했더라면, 혹은 (예를 들어 건강손상을 초래한) 불법행위를 저지르지 않았더라면, 피해자가 사회보장급여(예를 들어 사회부조, 보건의료, 노동능력상실급여 등)를 받을 필요가 없었을 것이다. 사회적 위험에 대해 책임이 있는 원인제공자(또는 채무자)가 누구인지 알면서 사회보장급여가 지급될 때, 이때의 급여는 사회보장이 손해를 입는 비용이다. 따라서 많은 나라에서는 사회보장 행정기구가 이 '손해' 부분을 그 책임당사자, 즉 사회보장기구와 사회적 위험 피해자 사이에 있는 제3자에게 청구할 수 있도록 자격을 부여하고 있다. '제3자 책임(third-party liability)'이라는 용어나 제3자에 대한 사회보장 상환청구 가능성이 여기에서 나온다. 법적 용어로 말하자면, 이러한 상환청구나 손해배상은 종종 사회보장 행정기구가 피해자(또는 원채권자)의 권리를 대위하는 형태인 경우가 많다. 아주 예외적인 경우에만, 사회보장법에서 피해자가 책임 있는 당사자를 상대로 법적 소송을 하게 하고 그 보상액(사회보장급여를 받은 만큼)을 사회보장기구에 전달하도록 요구한다.

사회적 위험에 대한 책임이 있는 제3자로부터 손해배상을 받을 가능성이 있는 경우는 주로 노동능력상실 관련 급여나, 유료로 사용한 보건의료, 유족급여에 대해서이다. 또 사회부조급여에서도 가능할 수 있다. 일반 책임법(또는 예컨대 가족법)에 따르면, 사회보장기구가 부채 이상의 금액에 대해 제3자에게 책임을 물릴 수 없다. 수급자가 사회보장급여를 받더라도 사회보장으로 해결되지 않는 부분에 대해 손해배상 청구소송을 할 가능성을 잃지 않는 것이 보통이다.

사회보장체계 너머의 연대 마지막으로, 사회적 보호요구가 사회보장체계 밖에서 해결될 수도 있다는 점을 기억해야 할 것이다. 제1장에서 지적했듯이, 사회보장체계 말고도 다른 연대 기법들이 존재한다.

  사회적 보호요구 중에는 사회보장체계에서 '사회적 위험'이라는 용어로 인정되지는 않았더라도 이미 꽤 오랫동안 인정되어 온 것들이 있다. 이에 해당하는 급여제도를 사회보장법(전)과 사회보장 행정기관에 의한 제도운영 속에 포함시킴으로써 그 위험이 사회보장체계 속에서 하나의 실제 사회적 위험으로 인정받게 만드는 길을 닦을 수 있다. 이런 맥락에서, 가령 임대 및 주택보조금이나 학생에게 지급되는 온갖 종류의 현금급여와 같이 이미 일부 국가에서 사회보장급여라고 여겨지고 있는 급여들에 대해 생각해 볼 수 있다.

제 6 장

사회적 급여

사회적 급여의 목적 – 예방, 회복, 보상　사회보장체계 속에서 사회적 위험에 대응하여 사회적 급여가 제공된다. 급여를 제공하는 목적은 사회적 위험을 예방하거나, 사회적 위험이 발생하기 전의 상황으로 되돌리거나, 사회적 위험에 대해 보상하려는 것이다. 우선 사회적 위험의 발생으로 초래될지도 모르는 손상을 예방하기 위해 노력하는 것이 선행되어야 한다. 이전 상황으로 회복하려는 시도는 그다음에 이루어져야 하는 것이고, 사회적 위험으로 인해 발생한 손상을 보상하는 것은 마지막 방법이어야 한다. 하지만 실무에서는 사회보장이 주로 마지막 것, 즉 보상에 관련되어 있음을 알 수 있다. 예방이나 회복이 중요함에도 불구하고 사회보장에서는 보조적인 부분을 담당하는 데 지나지 않는 경우가 많다. 물론 그렇다고 하여 예방이나 회복이 사회보장 이외의 영역에서 중요한 역할을 하지 않는다는 의미는 아니다. 고용정책,

작업장 안전조치, 교육, 시민질서유지 등 이런 측면의 예가 아주 많다.

급여 수준을 결정하는 방법 사회보장급여는 현금으로 제공되지만 현물로 제공되기도 한다. 제1장에서 언급한 바와 같이, 우리의 주요 관심은 현금급여에 있다. 인정된 사회적 위험(의 비용)에 대응하도록 마련된 모든 사회서비스와 제도를 망라하는 것은 이 책의 범위를 넘어서게 될 것이기 때문이다. 단, 보건의료나 돌봄은 예외로 하였고 그 이유에 대해서는 이미 앞에서 설명하였다.

현금급여는 정액일 수도 있고[정액급여(flat rate benefit)] 과거의 소득, 즉 예전 직업소득이나 임금과 연동할 수도 있다. 이 두 가지 기법을 결합하여 산정할 수도 있다.

직장에 기반한 사회보험제도에서는 급여를 계산할 때 일정 기간(기준기간)의 평균적인 임금 또는 직업소득에 대한 비율로 계산하는 경우가 많다. 이때 소득상한선이 정해지는 경우가 종종 있다. 즉, 과거 임금이나 직업소득이 더 높았더라도 급여는 이 소득상한선 금액을 기준으로 계산된다. 이러한 소득상한선은 기여금을 계산할 때에도 적용된다. 상황에 따라서는 최소급여가 존재하는 경우도 있다. 일반적인 산정법에 따르면 급여액이 실제로 더 낮더라도 이 최소수준의 급여가 제공된다.

모든 거주민을 가입대상으로 하는 사회보험제도(와 데모그란트가 적용되는 제도)에서 급여는 대체로 정액으로 제공된다.

부조급여는 정액으로 제공될 수도 있지만, 당사자의 빈곤상태와 자산을 고려한 공식으로 계산되는 경우가 더 많다.

정액급여의 수준은 여러 방법으로 결정될 수 있다. 첫째로 가능한 방법은 자명하게도 다른 변수를 참조하지 않고 정치적 당국이 금액을 정하는 것이다. 이 고정액수를 정할 때 최저임금이나 평균임금의 액수를 고려하는 경우가 상당히 많다. 부조제도의 경우에는, 인간다운 생활을 유지하는 데 필요하다고 여겨지는 경비[소위 전물량방식(basket of goods)]에 기반하여 고정액수를 산정하는 경우가 종종 있다. 물론 인간다운 생활을 위해 필요하다고 여겨지는 재화와 서비스에 어떤 것을 포함시키는지는 정부의 평가에 달려 있다. 대부분의 나라에서 사회학자들이 정하는 빈곤선은 사회부조급여에서 보장하는 금액보다 높다. 사회보험제도에서 정해지기도 하는 최소보장액이 사회부조에서 제공되는 급여액보다 높은 것도 일반적이다.

급여의 자동재조정 대체로 사회보험급여는 가치의 감소, 즉 가치하락으로부터 보호된다. 이를 위해 당국에서는 사회보험급여액을 조정한다. 이런 조정은 정해진 날짜에 행해지기도 하고 그렇지 않기도 하다. 하지만 가치하락으로부터 급여를 보호할 것인지 여부, 어떻게 보호할 것인지는 대부분의 경우 정부가 결정하는 것이 아니라, 자동재조정(automatic readjustment) 기제가 적용된다. 과거 직업소득이나 임금에 대하여 비율로 계산되는 급여의 경우에는, 산정기초액(과거 직업소득이나 임금의 평균)이 반드시 오늘날의 화폐가치로 '환산'되도록 해야 할 것이다.

최소 산정기초액과 최대 산정기초액이 적용되는 경우 이 금액들도 재조정되어야 할 것이다. 정액급여도 마찬가지로 직접 재조정될 것이다.

가치하락으로부터 급여를 보호하는 방법은 여러 가지가 있을 수 있다. 일반 물가상승수준과 연동시키거나, 구매력에 비례하게 만들거나, 평균임금수준과 연동시키는 등의 방법이다. 비교하는 기준이 무엇인지에 따라 정부는 특정 시점에 공식물가상승률을 측정하거나, (선택된 재화와 서비스에 대한) 소비자가격 상승을 측정하거나, 평균임금수준의 변화추이를 평가하는 등의 작업을 하게 된다. 이러한 기준치들이 객관적인 자료를 바탕으로 하지만, 그럼에도 불구하고 정책적으로 볼 때 여전히 빈틈이 남아 있다는 점을 생각해야 한다(예를 들어 소비자가격을 고려할 때 어떤 상품을 고려할 것이고 어느 정도나 고려할 것인가?). 소비자가격의 변동에 맞추어 조정이 이루어진다면, 일반적으로 '물가연동제(indexation)'를 말하는 것이다. 급여가 임금이나 직업소득의 변화에 따라 달라진다면, '성장에 맞춘(growth adapted)' 급여를 지칭한다. 이 중 전자보다 후자의 경우에, 자동조정기제보다는 정부결정에 좌우될 때가 많다.

자동재조정은 매달, 몇 달마다, 매년 또는 다른 정해진 기간에 따라 주기적으로 이루어질 수 있다.

물가연동제와 '성장' 재조정은 모두 회고적으로 계산된다. 특정한 과거시점부터 현재까지 상황의 변화를 살펴서 현재시점부터 그 이후시기에 해당하는 급여를 상향조정한다. 자동재조정의 측정시기 간격이 너무 길지만 않다면, 이런 기제에 큰 문제가 발생하지는 않는다. 하지만 매우 높은 물가상승률로 어려움을 겪고 있는 나라에서 사회보험급여를 제공할 때는 문제가 달라진다. 이런 경우, 구매력, 소비자물가, 임금이 어떻게 변화할지를 예측하고 추적할 필요가 있을 것이다.

피부양자가 있는 경우의 급여　사회보장급여의 수준을 판가름하는 고정액수나 비율이 수급자격자의 생활상황에 따라 달라지는 경우가 꽤 있다. 피부양 배우자나 자녀가 있는 경우 일반적으로 급여수준이 높다. '피부양'이라는 개념은 사회보장제도마다 서로 다른 의미를 가질 수 있다. 일반적으로는 피부양자가 소득이 없다는 것뿐만 아니라 공동가구를 구성하고 있음을 의미한다. 그런데 이렇게 피부양 파트너가 있는 사람에게 더 높은 급여를 제공한다고 하더라도―종종 그러하듯이―두 사람이 독신이었다면 각각 받았을 급여를 합친 것보다는 여전히 낮을 수 있기 때문에, 결과적으로 파트너 양측 모두에 불리하게 작용할 수 있다. 따라서 자신들이 공동가구를 이루고 있음을 사회보장체계에 알리지 않으려고 하는 경우가 종종 있을 것이다. 특히 결혼한 파트너뿐만 아니라 결혼하지 않은 파트너의 경우에도 피부양자로 취급되는 경우에 이런 현상이 나타날 것이다.

　　피부양 파트너가 있는 사람에게 높은 급여를 제공하는 이유는 독신인 경우에 비하여 사회적 보호요구가 더욱 크다는 것이며, 이때 증가된 급여수준이 독신인 두 사람에게 제공되는 급여의 총합보다 낮은 이유는 공동거주로 인해 비용이 절감되는 효과 때문이라고 설명된다.

따라서 두 사람 사이에 성적 관계가 존재하는지 아닌지는 전혀 상관이 없는 문제가 된다. 그럼에도 불구하고 두 사람이 공동가구를 형성하여 유지하고 있다고 인정할 수 있는지의 사실과 관련해서 그런 관계의 존재(와 인정)가 의미 있을 수 있다. 법에서는 부부가 공동가구를 구성하고 있다고 전제하고, 그렇지 않음을 입증할 수 있게 한다.

자산조사의 범위, 정도와 조사방법 사회보장급여액이 분명하게 정해져 있더라도, 수급자가 실제로 그 금액을 받게 될지 여부가 불확실할 수 있다. 우선, 급여제공 여부가 자산조사 결과에 따라 좌우될 수 있다. 그리고 수급자격이 있는 당사자가 실제로 하나 이상의 사회보장급여를 동시에 청구할 수 있고 이때 여러 급여를 무한정 중복수급하는 것은 불가능할 것이다.

사회부조급여와 일정 범위의 데모그란트, 일부 사회보험급여는 자산이 일정한 금액을 넘지 않는 사람에 대해서만 제공된다. 일반적인 고정급여액에서 자산의 전체 또는 일부를 제할 수도 있다. 자산조사의 방식은 아래와 같이 다양하다.

한 가지 방법은 직업소득이나 임금만을 고려하는 것이다. 모든 소득을 고려하는 것도 가능하다. 때때로 가상소득(fictive income)이 소득에 포함될 수 있다. 본인의 재산인 집에서 살고 있는 것과 관련된 가상소득과 같은 예이다. 하나의 동일한 자산조사에서 직업소득과 다른 소득을 달리 취급할 수도 있다. 자산조사에서 소득조사에 그치지 않고 재산(의 일부)을 함께 고려할 수 있다. 이런 경우 어떤 형태의 소득이나 재산의 일부가 면제될 수 있다. 예를 들어 임금 가운데 일부를 제외함으로써 노동을 회피하는 효과를 막을 수 있다. 또, 본인 소유의 (평범한) 주택의 가치를 자산에 포함시키지 않음으로써 사회보장급여의 수급자격을 얻기 위해 살고 있는 집을 팔아야 하는 상황이 생기지 않도록 한다.

자산조사에 포함되는 소득과 재산은 급여를 신청하는 본인의 소득과 재산인 경우가 일반적이다. 하지만 배우자 또는 파트너, 심지어 자녀나 다른 가족구성원, 동거인의 소득이나 재산이 자산조사에 포함되는 경우도 꽤 있다.

효과적으로 자산조사를 하기는 상당히 어렵다. 자산조사를 하는 가장 쉬운 방법은 조세행정을 하면서 수집된 정보를 활용하는 방법일 것이다. 따라서 자산조사에 포함되는 소득이란 조세당국이 정한 과세소득을 의미할 수 있다. 하지만 과세소득이라고 정해진 소득이 그 사람의 부나 빈곤상태를 제대로 반영하지 못할 수 있다. 왜냐하면 이 금액은 사회적 목적과는 전혀 상관없는 각기 다른 목적으로 마련된 여러 가지 면세와 세금공제를 거쳐 도출되었을 수 있기 때문이다. 예를 들어 어떤 나라에서는 저축이나 특정 부채, 저당, 생명보험 등을 과세소득에서 뺀다. 이렇게 빠진 부분이 자산조사에서 고려되어야 할지 고민해 볼 수 있다. 이런 문제를 해결하기 위해, 일부 국가에서는 사회적 소득(social income)이라는 개념을 개발해서, 세금정보를 이용하되 최종적으로 평가된 과세소득에 의존하지 않는 경우가 있다. 이때의 소득은 조세당국이 제공한 정보에 기초하여 계산하지만 과세소득과는 큰 차이가 있다. 사회보장의 목적에서 볼 때 방해가 되는 세금 공제 및 면제를 분리해 내는 것이다.

효과적인 자산조사를 어렵게 하는 또 다른 문제는 신청자 이외에 다른 사람의 소득이나 재산이 포함되는 경우이다. 이때 자신의 소득이나 재산을 공개해야 하는 다른 사람들의 저항에 부딪힐 수 있다.

또, 동시에 여러 급여(예를 들어, 유족급여, 비정기적 사회부조급여, 난방수당 등)를 받는 수급자에 대해 자산조사를 실시할 때 문제가 발생할 수 있다. 다른 급여를 고려하지 않고 각각 별도로 자산조사를 실시한다면 전체적으로 부적절한 결과가 초래될 수 있다.

중복수급 조정의 방법   어떤 사람이 하나 이상의 사회보장급여를 동시에 신청하는 경우가 있다. 여러 사회적 위험에 직면하게 되었거나, 혹은 하나의 동일한 사회적 위험이지만 여러 가지 사회보장제도가 적용되는 사회적 위험인 경우에 이런 상황이 생길 수 있다. 전자의 경우에 해당하는 예로, 본인이 노령연금에 대한 수급자격이 있으면서 배우자로 인하여 유족연금에 대한 수급자격을 함께 가지는 경우가 있을 수 있다. 후자의 예로는, 임금소득자이면서 자영업자였던 사람이 두 가지 직장보험에 동시에 수급자격이 생기는 경우이다. 한 사람이 두 가지 급여를 동시에 받는 것을 사회보장법에서 막지는 않을 것이다. 그렇지만 여러 급여를 무제한 중복수급하는 것에 대해서는 반대하는 경우가 자주 있다. 중복수급금지규칙은 상당히 복잡한 경우가 많은데, 일반적으로 결국은 두 가지 급여 모두를 무제한 수급할 수는 없도록 한다고 볼 수 있다. 그 대신, 두 가지 급여 중 하나를 선택하거나, 가장 높은 급여를 받거나, 일정한 제한 안에서, 즉 정해진 최대총액의 한도까지, 금액을 중복하여 받게 된다.

　급여의 중복과는 완전히 다른 문제로서 명확하게 짚고 넘어가야 할 것이 또 있다. 어떤 급여가 다른 급여 속으로 통합되는 문제이다. 동일한 사회적 위험에 대해 여러 가지 급여가 서로 독립적으로 마련 될 수도 있지만, 집단보험이나 단체협약에 의한 급여 위에 민간보험에 의한 급여가 제공될 수도 있다. 유사하게, 법정 사회보장제도에서 제공되는 급여 위에 집단보험이나 단체협약에 의한 급여가 제공될 수도 있다. 예컨대 어떤 산업분야에서 구성원이 노동능력을 상실하거나 실직을 하거나 은퇴를 하게 되었을 때, 단체협약에 따라 임금손실의 일정 비율에 해당하는 금액을 소득대체급여로 제공할 수 있다. 이때 단체협약에서는 법정제도에서 제공되는 급여에 대하여 보충적인 부분만을 제공한다. 이런 식으로 법정급여가 단체협약에 의한 급여 속으로 통합, 말하자면 내장된다. 단체협약상 급여가 이렇게 설정될 때, 예측하지 못한 의무를 지게 될 위험이 있다. 법정급여액이 바뀔―더 정확하게 말하면 낮아질―수 있기 때문이다. 따라서 법정제도 위에 보충적 급여를 제공하는 단체협약의 경우 대부분 단체협약에 의한 급여를 별도로 산정한다. 즉, 법정급여수준의 변동에 좌우되지 않도록 하는 것이다. 마찬가지로 단체협약에 의한 사회보장이나 법정 사회보장제도에 더하여 제공되는 민간제도에서도 유사한 방식이 채택된다. 어떤 법정급여가 다른 법정급여와 통합될 수도 있다. 예를 들어 산업재해에서 적용되는 소득대체율이 일반 장애제도에서 적용되는 것보다 더 높을 때, 산업재해보험에서는 장애연금을 보충하여 산업재해제도에서 보장하는 급여수준까지 끌어올리는 부분만을 담당하는 경우가 있을 수 있다. 이런 경우에 통합과 중복(금지)이 서로 근접하게 된다.

사회보장급여의 종료　사회보장급여는 정해진 기간에만 보장되기도 하고 기간 제한 없이 보장되기도 한다. 어떤 경우이든 사회적 위험이 더 이상 존재하지 않거나(예를 들어, 실업자가 직업을 구하거나 자녀가 독립하는 등) 급여를 제공했던 조건이 더 이상 충족되지 않는 경우, 그 순간 바로 종료된다. 수급자격이 있는 개인의 상황변화와 관계없이 시간이 경과되어 급여가 종료될 수도 있다. 실업급여가 대체로 그러하다. 이런 경우 급여제공의 기간이 일정하게 고정될 수도 있고, 수급자의 연령, 고용, 보험가입, 기여금 납부상황에 따라 결정될 수도 있다.

사회보장 수급권의 양도, 압류 금지 등　사회보장급여에 대한 권리는 파기할 수 없고, 양도할 수 없으며, 압류될 수 없다. 이런 원칙이 급여에 대해서도 똑같이 적용되는 것은 아니다. 다만, 구체화된 사회보장급여를 압류할 가능성에 대해서는 까다로운 제한이 있을 수 있다. 이런 제한을 가하는 목적은 수급자를 위하여 필수적인 급여액까지는 보전하기 위함이다. 마찬가지로 아직 유효한 사회보장급여를 포기하거나 양도하거나 담보로 잡는 것을 제한하는 경우가 많다.

급여의 신청을 둘러싼 문제 - 비수급, 소급제한 등　일반적으로 사회보장 급여는 자동적으로 지급되지 않는다. 수급자격이 있는 당사자가 사회 보장급여가 지급되도록 신청해야 한다. 정부나 사회보장 행정기관이 모르는 어떤 사회적 위험이 발생하여 사회보장급여를 지급하게 되는 경우에만 해당하는 말이 아니다. 이상하게 보일 수도 있지만, 어떤 사회보장급여를 언제 누구에게 지급해야 하는지 결정하는 데 필요한 모든 정보를 행정기관이 처리하는 경우에도 역시 마찬가지이다. 자산조사 없이 특정 연령에 이른 모든 사람에게 동일하게 제공하는 일반 노령연금이 한 가지 훌륭한 예가 된다. 하지만 사회보장 행정기관이 먼저 나서서 수급자에게 급여를 제공하는 경우가 점점 더 많아지고 있다. 우선 사회부조의 경우에 그러하고, 방금 언급한 엄격한 의미에서의 노령연금의 예에서도 그러하다. 급여를 받기 위해 신청이 요구되는 경우, 수급자가 될 수 있는데도 불구하고 급여를 받지 못하는 사람들이 있을 것이 분명하다. 단순히 몰라서 그럴 수도 있고, 급여를 달라고 읍소하는 것이 자존심이 상해서 그럴 수도 있고, 이유는 다양하다. 결과적으로 문헌에서 흔히 말하는 수급자격이 있는 사람의 급여 '비수급(non-take-up)' 현상이 나타난다. 안타깝게도 인구 중 가장 가난하고 가장 사회적으로 배제되어 있는 사람들이 이 현상의 가장 큰 피해자가 된다.

　일반적으로 신청 전 기간에 대해서는 사회보장급여를 청구할 수 없다. 이것이 가능할 때도 있지만 말이다. 과거에 받았어야 했던 사회보장급여를 뒤늦게 청구할 수 있다면, 일정한 소급제약에 따른 신청상

제한이 있을 것이다.

권한이 없는 행정기구에 사회보장급여 신청을 할 때 특수한 문제가 발생할 수 있다. 이런 경우 신청을 받은 행정기구가 필요한 권한을 실제로 가지고 있는 다른 기구를 알려 주도록 사회보장법에서 의무화하곤 한다. 신청인의 불편을 덜기 위해, 권한이 없는 사회보장기관이 권한이 있는 기관으로 신청서를 전송하도록 사회보장법에서 강제하고, 이로써 신청인이 권한 있는 기관에 바로 신청한 것처럼 (가상으로) 추정하는 경우도 있다.

상당히 많은 사회보장체계에서 신청인이 해외에 살고 있을 때 정당한 급여의 지급을 거부한다. 하지만 때로는 국제적 규칙이 이런 규정을 뛰어넘는다. 그러면 국제적 규칙에서 사회보장급여를 해외로 보내도록 명령할 수 있다.

일부 특별한 경우에는 사회보장급여가 수급자격이 있는 사람이 아닌 다른 사람에게 대신 지급되기도 한다. 직장 사회보험제도에서 아동수당이 대표적인 예로, 사회보험에 가입되어 있는 부나 모가 아닌 실제로 아동의 양육을 책임지고 있는 사람에게 급여가 지급될 수 있다. 그 사람이 해당 사회보험의 적용범위에 속하지 않더라도 말이다.

취득한 권리 존중과 그 한계 '취득한 권리(acquired rights)'의 존중과 그 한계는 사회보장법에서 가장 흥미로운 주제 가운데 하나이다. 여기서 '취득한 권리'란 이미 주관적 권리가 존재하는 사회보장급여에 대한 자격뿐만 아니라 미래의 수급자격에 대한 정당한 기대까지도 포괄하는 의미로 대개 이해된다. 이제 이 '취득한 권리'가 그 근거인 사회보장법의 변화에도 불구하고 어느 정도까지 보호되는지 살펴보자. 원칙적으로 입법자는 종전 법률을 자유롭게 개정할 수 있다. 사회보장에 대해서도 마찬가지이다. 그럼에도 불구하고 사회보장제도의 변화는 대부분의 경우 점진적이어야 한다는 사실이 상당히 중요하다. 그리고 극도의 주의를 기울여 이루어져야 한다. 경과기간을 길게 하고 종전 법에서 취득된 권리를 임시로 유지시키면서 새로운 건에 대해서만 개정된 내용을 적용하는 경우가 많다. 또, 일부 국가에서는 재산권이나 신뢰보호에 관한 헌법조항에 따라, 사회보험 가입자가 기여금을 내어 취득한 권리에 대해서 법적으로 보호하기도 한다.

사회보장급여에서의 차별과 평등권 사회보장급여를 배분할 때에는 차별이 없어야 한다. 문제는 당연히도, 사회보험체계가 집단을 구분하는 것이 언제 정당화되고 언제 부당한 차별이 되는지이다. 앞에서 이미 사회보장체계에서 자국민과 외국인을 다르게 취급하는 경우가 있다고 언급한 바 있다. 사회보장법에서 어떤 제도를 적용할 때 연령제한을 두는 경우 역시 상당히 많다. 퇴직연금이나 노령연금을 받기 위해서는 근로상태에 있지 않아야 한다고 조건을 부여하는 것이 연령을 이유로 한 위법한 차별이라고 보는 국가도 있다. 대부분의 사회보장제도에서 성별을 이유로 한 직접적 차별이 사라졌지만, 유족제도나 연금제도나 가족급여에 여성에 대한 우대가 예외적으로 존재하기도 한다. 성별을 이유로 한 간접적 차별, 즉 성별에 따른 기준은 아니지만 대개 여성에게 불리하게 작용하는 기준을 사용함으로써 실제로 발생하는 차별 역시 여전히 상당히 흔하다.

명백히 사회보장에서 서로 다른 종교나 신념을 가진 사람들을 불평등하게 취급하는 것은 전적으로 잘못이라고 여겨진다. 그럼에도 불구하고, 어떤 사람이 특정 신념을 가졌다는 것 때문에 결과적으로 불리해질 수 있다. 종교나 철학적 신념 때문에 어떤 직업을 거부하는 사람의 예처럼 말이다. 이런 종류의 상황에서 사회보장은 균형을 맞추어야 할 것이다. 즉, 사회보장법 때문에 순교자가 생겨서도 안 되고, 특정한 신념의 선택으로 인해 발생하는 부담을 사회보장법이 떠안아서도 안 된다.

일부 국가에서는 헌법에서 혼인제도를 정하고 있다는 이유로 사회보장법상에서 결혼한 사람과 동거인을 평등하게 취급하지 못하는 경우가 있다. 반면 하나의 공동가구를 형성하고 있는 이성 또는 동성의 사람과 배우자를 똑같이 취급하도록 법이 마련되어 있는 나라들도 있다. 어떤 나라에서는 이런 평등한 대우가 결과적으로 비혼커플에게 득보다 실이 되기도 한다. 결혼하지 않은 파트너가 결혼한 파트너와 똑같이 취급되는 경우, 그 파트너 관계의 존재(와 아마도 종료까지)를 확인하기 위한 절차가 있어야 할 것이다. 이를 위해 등록이 요구될 수 있다.

일부 국가에서는, 도시주민과 농촌주민 사이에 법적으로는 아니더라도 사실상 불평등한 대우가 존재한다. 농촌주민에 대한 급여가 더 낮거나 의료서비스의 공급이 제한적일 수 있다.

반사회적 행동에 대한 급여 제한 마지막으로, 아주 독특한 쟁점이지만 논의가 필요한 문제는 사회보장급여 분배의 도덕률에 관한 것이다. 어떤 사람이 사회적으로 바람직하지 않은 행동을 했을 때 사회보장급여에 대한 자격을 계속 유지하도록 할 것인지 결정할 때 이런 문제가 명료하게 드러난다. 이 쟁점에 대한 반응은 양 극단 사이 어딘가에 위치하게 된다. 한편으로, 극도로 반사회적인 행동을 한 사람에게 (상당한 액수일 수 있는) 사회보장급여를 지급한다는 것에 대해 대중이 부정적으로 볼 수 있다. 반면, 적극적이든 소극적이든 사회보장은 처벌로서 기능하지 않는다. 처벌 대상이 되는 반사회적 행동은 반드시 기소되어야 하고 죄인은 형사법정에서 형을 선고받아야 할 것이지만, 병렬적으로 형벌을 가하는 것이 사회보장체계의 역할이 아니며 같은 사실에 대하여 두 번 처벌할 필요도 없다. 이런 도덕률의 문제를 대부분의 사회보장체계에서는 실제로 어떻게 다루는지 아래에서 살펴본다.

적군과 공조하였거나 자국민을 억압하는 활동에 적극적으로 가담한 사람의 경우에는 사회보장권, 특히 연금에 대한 자격이 박탈당하거나, 최소수준이 아니더라도 낮은 수준으로 줄어들 수 있다. 형사법정에서 형을 선고받은 사람의 경우, 정상적인 상태에서는 수급자격이 있었을 (정기적) 사회보장급여를 수감기간에는 받지 못하는 경우가 대부분이며, 출소와 함께 급여를 다시 받게 된다. 본인의 잘못으로 인하여 사회적 위험이 야기된 경우, 그 사회적 위험이 급여를 받으려는 생각으로 의도적으로 만들어졌다면 사회보장급여를 청구하지 못한다. 하지만 그 잘못이 급여를 챙기려는 의도와 관계가 없다면, 가중사유가 없는 한 수급자격을 여전히 인정하게 된다. 이때 행정적 제재(중단, 감액)가 따를 수는 있다. 여러 국가에서는 그래도 사회적 위험이 발생한 이유가 처벌받을 만한 행동 때문이거나, 혹은 알코올의 섭취나 지나친 위험을 (비용을 지불하여) 감수한 결과인 경우에 급여를 거부한다. 마지막으로, 자살과 자살시도에 대한 반응이 사회보장법에서 다양하게 나타나는데, 이런 맥락에서 볼 때 사회보장급여 제공을 거부하는 것은 대부분의 경우 인간적 사회보장정책에 부합하지 않으리라고 쉽게 추정된다.

제 7 장

노령

노령이라는 사회적 위험의 특수성 '노령(old age)'이라는 사회적 위험을 설명하기란 생각보다 어렵다. 노령이라는 위험에는 일정한 연령에 이른 사람은 생계를 유지하기 위한 일을 더 이상 할 수 없거나 하는 것이 적절하지 않다는 가정이 깔려 있다. 그렇기 때문에 일정한 연령에 이른 사람들에 대한 소득대체[노령연금(old-age pension)]나 일정 연령에 이르러 직업활동을 그만둔 사람들에 대한 소득대체[퇴직연금(retirement pension)]를 사회보장에서 제공한다. 때로는 어떤 연령에 이르렀다는 사건보다는 그 사람이 수년 동안 보험에 가입하였거나 일을 하였거나 기여금을 납부하였다는 사실이 중요하게 고려되기도 한다[연공연금(seniority pension)]. 관련 문헌에서는 노령연금, 퇴직연금, 연공연금이라는 용어가 혼재되면서 다소 일반적인 의미로 노령연금이란 단어를 사용하기도 한다. 별도의 언급이 없는 한 이 책에서도 동일하다.

이런 점에서 노령연금이 그 용어에서 풍기는 것과 달리, 어떤 높은 연령에 도달함으로 인하여 발생하는 특수한 지출을 보상하는 것을 목적으로 하지 않는다는 점을 주목하여야 한다. 아주 고령인 노인을 보조해야 하는 요구, 즉 일상생활에서 다른 사람의 도움을 받아야 하는 데 필요한 비용을 보장하는 것은 돌봄제도에서 다루는 주제로 나중에 논의될 것이다(제13장 참조).

'노령'이라는 상황이 가진 특수성 때문에 이 사회적 위험에 대처하는 방식도 달라진다. 이 사회적 위험의 특징은 노령연금에 대한 결정이 장기적이라는 것으로, 결정을 내리는 사람들은 오늘날 정치적 책임을 가지고 있는 사람들이지만 그 결정에 따른 부담을 지는 것은 결정을 내렸던 정치인들이 이미 사라지고 한참 후인 미래에 남게 되는 사람들이라는 것이다. 이런 측면을 볼 때, 제15장에서 더 자세히 다루게 될 세대 간 연대의 필요성이 잘 드러난다. 전통적으로 고령세대는 그 사회에서 사회정치적으로 약한 고리로 이해된다. 고령집단의 인구 비중이 높아지고 정치적으로 더욱 중요한 집단이 된 오늘날에는 달라졌다고 볼 수도 있지만 말이다. 또한, 고령화가 진행되면서 노령연금 제도에도 압박이 커지고 있다. 그러면서도 몇 년 전에는 수많은 실업 청년을 위한 노동시장을 확보하기 위해 여러 국가에서 노령연금의 적용연령을 낮출 수 있도록 하기도 하였다.

노령에 대한 보장방법 노령이라는 사회적 위험에 대한 대응은 다양한 수준에서 이루어지는 것이 보통이다. 예를 들어, 일정 연령에 이르렀고 인간다운 생활을 할 자산이 없는 사람들은 대개 부조제도를 통해 최저생활 수준의 급여를 받을 수 있게 된다. 일반적 부조제도가 갖추어지지 않은 나라에서도 그렇다.

　노령이라는 위험에 대한 보장은 소위 세 가지 기둥에 기초하여 이루어지곤 한다. 첫째 기둥은 법정보험(강제적이든 아니든), 둘째 기둥은 단체협약에서 정해진 연금제도 참여(강제적이든 아니든), 마지막 기둥은 개인적인 민간연금제도이다. 당연히 첫째 기둥이 덜 발달했을 때 둘째와 셋째 기둥의 중요성이 더욱 커지며, 그 반대도 마찬가지이다. 둘째 기둥의 조건과 금액은 첫째 기둥의 조건과 금액 위에서 정해지기도 하며, 이런 경우 법정 노령사회보험제도에 조금이라도 변동이 생기면 단체협약에 의한 사회보험제도에 심각한 문제를 야기할 수 있다. 예를 들어, 단체협약에서 최종임금의 일정 비율에 해당하는 급여를 완전보장(법정연금과 단체협약연금의 합산금액)하기로 하였는데 법정연금의 급여액이 감소되는 경우에 그럴 수 있다. 법정 사회보험연금 내에서 다층적인 구조를 만드는 것도 가능하다. 연금가입자 전체를 포괄하는 보편적 기초연금(universal basic pension)과 직장기반의 사회보험연금이 동시에 존재하는 것이다. 하지만 이런 경우 기초연금을 직장기반 사회보험연금 안에 통합할 때의 문제는 더 적다.

　일부 국가에서는 입법자가 둘째와 셋째 기둥의 노령급여제도를 창출하고 장려하기 위하여 직접보조, 국가보증, 온갖 재정적 우대 등 우대책을 시도해 왔다. 최소한 동급의 질을 갖춘 둘째 또는 셋째 기둥의 보충적 연금제도에 가입하면, 예외적으로 보충적 법정 사회연금보험에 대한 강제가입의무에서 벗어날 수 있다. 정부가 둘째나 셋째 기둥의 연금제도에 참여하는 사람들에게 온갖 (특히 재정적) 혜택을 제공할 때, 이런 조치로 인해 재분배에 반하는 효과가 나타난다는 것이 대부분 관찰된다.

연금제도는 적립의 원칙 또는 부과의 원칙에 따르거나 부기적립 (bookkeeping reserves)으로 운영될 수 있다. 제15장에서 이러한 체계에 대하여 더 자세하게 살펴볼 것이다. 어떤 법정연금제도는 일부 부과방식과 일부 적립방식에 의하는 복합 운영방식을 취한다. 산업화되지 않은 국가 중에는 은퇴연령에 이르렀을 때 단 한 번 지급하는 형태를 취하는 경우가 있다. 그렇더라도 우리는 대체로 정기적 지급형태를 다룰 것이다.

노령연금 급여액을 결정하는 요소 노령연금의 급여액은 정액으로 정해질 수도 있고 과거의 직업소득과 연동하여 정해질 수도 있다. 전자의 경우가 일반적으로 엄격한 의미에서 노령연금을 말하며, 후자의 경우는 대부분 퇴직연금제도의 경우가 된다. 소득연동연금과 정액연금의 경우 모두 그 금액은 다음에 따라 달라질 수 있다.

- 연금 개시 당시의 연령
- 연금제도에 가입한 기간
- 직업활동을 한 분야
- 피부양자인 배우자 또는 자녀가 있는지 여부

- 당사자가 다른 자산이나 소득원을 가지고 있는지 여부

노령연금이 정액으로 정해지는 경우, 그 기본금액은 정치적 편의
주의에 의해 결정되거나 혹은 외부요인에 기초하여 정해질 수 있다.

소득과 연동하는 노령연금의 경우, 당연히 과거 임금과의 관계가
다양하게 설정될 수 있다.

이러한 요인들을 더 자세하게 살펴보자.

노령연금 개시 연령　앞에서 말한 바와 같이 노령급여는 일정 연령, 즉
연금 은퇴연령에 도달하기 전이나 그 순간에 혹은 그때부터 효력이
발생한다. 연금 은퇴연령은 나라마다 다른데, 대개 60세에서 65세 사
이인 경우가 많다. 몇몇 국가에서는 남성의 은퇴연령이 여성보다 더
높고, 그 차이는 일반적으로 대략 5년 정도이다. 또 어떤 나라에서는
소위 '탄력적' 은퇴연령이라는 것을 볼 수 있다. 일정하게 정해진 연
령에 은퇴하는 것이 아니라 일정 연령 범위 안에서(예를 들어 5년) 은
퇴한다는 의미이다. 일부 국가에서는 (탄력적이든 아니든) 은퇴연령이
되기 전에 은퇴할 수 있는데, 다만 은퇴연령에 완전하게 이른다면 얻
게 될 연금의 일부를 희생하게 된다. 이때 완전하게 받을 수 있었을 연
금을 매월 또는 매년 단위로 계산하여 그에 대한 일정 비율을 감액분
으로 산정하는 것이 보통이다. 반대로, 정상적인 은퇴연령이 지나고
수년 후에 은퇴하는 사람에 대하여 보너스가 있을 수도 있다. 이러한
보너스는 연장에 대해 매년 일정 비율을 가산하는 것일 수도 있고, 단

순히 은퇴연령에 도달한 해와 실제로 연금수급을 개시하는 해 사이의 기간을 가입기간에 포함시키는(예를 들어, 연금수급자격을 가질 수 있는 최소연수를 충족시키도록) 것일 수도 있다.

최근에 일부 법정연금제도에서는 또 다른 관점에서 은퇴자의 연령을 고려하는 경우가 있었다. 연금액이 연금수급시점에서의 기대수명에 따라 정해지는 것이다. 기대수명은 개별적으로(예를 들어 그 사람의 건강상태에 따라) 정해지는 것이 아니라 전체 인구집단에 대해 정해진다. 일반적으로 남성과 여성 사이의 기대수명의 차이는 고려대상에서 제외된다.

연금제도의 가입기간 노령연금 수급자격과 수급액은 가입연수에 직접적으로 좌우된다. 일한 기간, 거주기간, 보험가입기간, 기여금 납부기간, 기타 다른 방법으로 보험에 가입한 것으로 인정되는 연수들이 여기에 포함된다.

아무래도 거주기간은 모든 거주민을 보장하는 보편적인 제도에서 특히 중요해진다. 반면 직장경력은 직장기반 제도에서 특별히 중요하다. 하지만 많은 나라에서 거주, 노동, 보험가입, 기여금 납부 등에 대한 일반 조건에 부합하지 않는 어떤 기간에 대하여 그럼에도 불구하고 (가상으로) 그 조건이 충족되었다고 간주하고 기간에 산입한다. 때로는 실제 가입연수 위에 몇 년의 가상기간을 단순히 '보너스'로 나누어 준다. 이러한 가상연수를 사용하는 이유는 온갖 사회적인 고려가 배경이 되어 있는데, 추가적인 조건을 충족하는 경우에 그렇게 하기도 한다. 일정 연령(예를 들어 성년) 이후의 학습기간, 어린 자녀를 양육하기 위해서 집에서 보낸 기간, 군복무 기간, 전쟁포로로 있었던 기간, 수감되거나 정치적 추방으로 보낸 기간, 병들거나 실업으로 있었던 기간 등이다. 나중에 이 기간에 대하여 기여금을 납부하여야 하는 조건이 붙기도 하지만 이 모두 가상연수가 부여될 수 있는 상황들이다. 가상기간을 인정함으로써 특별한 사회적 목표를 달성하는 데 도움이 될 수 있다. 하지만, 여러 가지 가상기간을 인정함에 따라 연금제도의 논리성과 재정적 안정에 장애가 될 수도 있다. 당사자나 그의 고용주가 아닌 다른 사람이 해당 기간에 대하여 기여금을 내도록 함으로써 재정적인 부담을 덜거나 해소할 수 있다. 이런 식으로 국가나 사회보장기관이 연금제도를 위한 사회보장 기여금에 대하여 채무자가 될 수가 있다.

가상기간이 인정될 때, 그 기간이 실제 가입기간과 완전히 똑같이 취급되거나 아니면 특별한 조건이나 계산법에 의하여 산입될 수 있다.

상당히 많은 나라에서 연금수급자격 자체가 최소 가입기간에 의해 좌우된다. 최소 가입기간을 채우지 못한 사람은 노령연금에 대한 권리를 획득하지 못한다. 그동안 납부한 기여금, 특히 사회보험 가입자 본인이 지불한 기여금은 되돌려주곤 한다. 하지만 언제나 기여금을 환급해 주는 것은 아니다.

은퇴연령에 이른 이후에 가입기간을 추가 산입하는 것이 불가능한 경우가 많을 수 있다. 은퇴연령이 되는 순간 사회보험 가입대상에서 제외되는 경우가 종종 있기 때문이다. 은퇴연령이 지난 뒤에도 계속 노동을 하면서 여전히 연금을 수령하지 못하는 사람은 따라서 사회적 보호가 취약한 상황에 처할 수 있다. 또, 은퇴연령에 이르기 전에 연금가입을 종료한 사람은 그 연령이 이를 때까지 기다려야 노령연금을 받을 수 있게 된다.

완전한 노령연금을 받기 위한 조건으로 충족해야 할 가입기간은 전체 직업활동에 해당하는 기간, 대략 35년에서 50년 정도를 요구하는 경우가 대부분이다. 연금수급자격은 획득하게끔 최소 가입연수는 채웠지만 완전 노령연금의 혜택을 받기 위해 필요한 가입기간을 채우지 못한 경우에는 비례적인 몫을 받는다.

예외적으로, 은퇴연령을 정하지 않고 대신 일정한 가입기간이 충족된 후에 연금수급자격을 여는 연금제도도 있다(연공연금).

특별하게 힘들거나 위험한 직업활동의 고려　일부 국가에서는 특별하게 힘들고 위험하면서 연령과 상관있는 직업활동을 했다고 여겨지는 사람들에 대해서 은퇴연령이나 가입기간에 대한 일반조항을 적용하지 않는다. 예를 들어 광부, 발레댄서, 항공기조종사, 경찰관, 교도관, 전문스포츠인 등은 다소 짧은 가입기간을 가진 뒤에 훨씬 이른 나이부터 노령연금을 받을 수 있는 경우가 종종 있다. 몇몇 국가에서는 자녀를 많이 낳은 여성에게 그런 혜택을 주기도 한다. 그러므로 위에 나열한 범주의 경우 가상연수를 가입기간에 산입할 수 있을 뿐만 아니라, 연령과 가입기간 관련 조건에서 직접적으로 우대혜택을 받기도 한다.

피부양자의 고려　많은 국가에서 노령연금의 액수는 연금수급 자격자의 피부양자라고 인정되는 사람 수에 따라서도 달라진다. 수급자격자가 부양하고 있는 파트너나 자녀가 있을 때, 그 액수는 독신일 때보다 높다. 연금수급 자격자와 함께 사는 파트너에게 직업소득이나 소득대체가 있을 때―그래서 피부양상태가 아닐 때―액수는 오히려 더 낮아질 수 있다. 하지만 기본연금액이 모든 사람에 대해 같을 수도 있다. 이런 경우 별도의 수당을 가지고 가구별 조정을 꾀한다.

소득·퇴직 등의 요건　사회보험제도상의 노령연금은 원칙적으로 자산조사 또는 소득조사가 요구되지 않는다. 반면, 사회부조의 성격을 가진 노령연금의 경우 보통 이런 조사가 요구된다. 사회보험제도에서도 연금수급자격이 있는 사람의 소득이 고려될 때가 있다. 예를 들어 연금수급자 당사자나 그의 파트너 혹은 두 사람의 자산, 소득, 임금에 따라 별도의 수당이나 더 높은 수준의 '가족연금(family pension)'이 지급될 수 있다.

앞에서 말한 바와 같이, (엄격한 의미에서의) 퇴직연금은 직업활동을 그만둘 때 지급된다. 대개 퇴직연금을 받은 후에 일을 해서는 안 된다. 조금이라도 보수를 받는 일이라면 말이다. 그럼에도 불구하고 모든 연금제도에서 '허용되는 노동(permitted labour)'의 여지를 조금씩 남겨 두고 있다. 즉, 퇴직연금을 받으면서도 할 수 있는 종류의 노동이 있을 수 있다. 대부분은 신고된 무급노동(자원봉사활동)과, 경비를 보전하는 적은 금액을 받는 활동이다. 어떤 국가에서는 허용되는 노동의 범위를 정할 때, 퇴직연금을 받는 사람이 그 연금을 받으면서도 추가적으로 얻을 수 있는 소득의 금액으로 정하기도 한다. 그 금액 이상의 소득이 발생하는 경우에는 해당 연금제도에 따라 연금지급이 중단되거나 차감될 수 있다.

퇴직연금으로 수령하는 금액이 가입당사자와 그의 피부양자가 인간다운 생활을 할 수 있을 만큼 충분해야만 유급노동을 중단해야 한다는 조건이 합리성을 가지게 된다.

오늘날 일부 국가에서는 부분적 퇴직(part-time retirement)이 가능하도록 하고 있다. 일정 연령(일반적으로 실제 은퇴연령 몇 년 전)에 이른 사람들이 자신의 직업활동을 줄이고(예를 들어 50%) 그 줄인 부분에 대하여 노령연금을 먼저 받기 시작한다는 의미이다. 이러한 부분적 퇴직이 활동시기와 노령연금 사이의 이행을 용이하게 한다는 점에서는 의심의 여지가 없을 것이고, 이것은 회사입장에서 볼 때에도 도움이 된다(예를 들어, 연금수급자의 후임자를 훈련시킬 수 있다).

노령연금의 금액 결정 요소 노령연금이 정액으로 지급되는 경우, 이 금액은 정책결정가들이 보기에 적정하고도 가능하다고 생각하는 선에서 정해질 수 있다. 하지만 그 결정이 몇가지 매개변수와 법적으로 연결된 경우가 많다. 예를 들어 최저임금, 평균임금 또는 평균 직업소득을 기준으로 할 수 있다. 혹은 구매력에 관련된 데이터를 기준으로 할 수도 있다.

과거의 임금소득을 기초로 노령연금 액수를 정하는 경우, 이 두 가지 변수 사이의 관계가 다양하게 설정될 수 있다. 연금액을 산정할 때 기초 데이터로 사용하는 것은 가장 최근의 임금일 수도 있고, 실제 퇴직일이나 은퇴연령 전 일정기간(예를 들어 5년)의 임금일 수도 있으며, 퇴직일이나 은퇴연령 전 일정기간(예를 들어 5년) 중 당사자가 선택한 기간(예를 들어 3년)의 임금일 수도 있고, 연금에 가입한 전체 기간의 임금일 수도 있다. 일반적으로 기여금 납부의 원인이 되었던 임금만이 고려될 것이다.

어떤 경우에는 소득과 관련이 없거나 사실상 없기도 하다. 과거에 납부한 기여금을 기초로 노령급여를 산정하는 경우이면서 이때 기여금이 소득과 관련이 없거나, 혹은 (원칙적으로 소득과 관련된) 기여금이 정확하게 납부된 것인지 확인되지 않는 경우이다.

대부분의 제도에서 완전 노령연금에 대한 최소금액과 최대금액이 ─ 직접적으로 또는 간접적으로(대표적으로 산정기초액이 작용하여) ─ 정해져 있다. 그렇다면 직업활동 기간을 채운 (또는 노령연금에 대한 권리를 획득하기에 필요한 최소 가입기간을 만족한) 사람이면서 보통의 규칙에 따라 계산했을 때 노령연금이 일정 금액에 미치지 않는 사람은 누구나 최소연금을 받게 된다. 최대연금의 경우에는, 보통의 계산방법에 의하면 일정한 최대치를 넘는 노령급여를 수급할 자격이 있는 사람이 그 최대치까지 낮춘 수준의 노령연금을 받게 된다. 따라서 최소연금과 최대연금은 재분배를 통해 저소득 연금생활자에게 혜택을 제공한다. 기여금이 온전히 실제 소득에 기초하여 납입되는 경우에는 분명히 그렇다.

직업활동을 했던 마지막 기간만을 산입하는 경우 총 가입기간을 통산하는 것보다 산정기초액이 ─평균적으로─ 더 높아진다. 이는 해당 기간 화폐의 가치하락을 고려하도록 매해 산정기초액을 재평가하는 경우에도 역시 마찬가지이다. 왜냐하면 대부분의 국가에서 (실제) 임금이 직업활동의 초반이나 중반보다 종반에 상대적으로 더 높기 때문이다.

어떤 연금은 임금과 완전히 상관이 없기도 하다. 그 대신 순전히 과거에 납부한 기여금에 대한 공식으로 정해지기도 한다. 일반적으로 적립방식으로 운영되는 연금제도의 경우에 그렇다. 여기에서 연금액은 자금을 투자하여 얻은 이윤/손실에서 그 제도를 운영하기 위한 지출(그리고 아마도 민간 연금회사의 수익)을 차감하는 계산식으로 결정된다.

노령연금 통합 합산   사람들이 동시에 혹은 생애의 여러 단계를 거치며 여러 개의 연금에 가입하는 경우, 실제로 연금을 청구할 시점이 되었을 때 문제가 생길 수 있다. 이런 문제는 강제가입의 법정 직장사회보험연금에서도 그렇고, 직업별, 산업별, 부문별로 만들어진 단체협약에서도 있을 수 있다. 법정 사회보험제도의 경우 대부분 입법을 통해 적절한 절차를 마련한다. 취득한 권리나 취득 중에 있는 권리를 가장 일반적인 제도로 흡수하거나, 합산하여 비율로 계산하거나, 몇 가지 중복수급금지의 원칙에 따라 해결하기도 한다. 반면, 직업별, 산업별, 부문별로 만들어진 단체협약의 경우 이런 조치를 취하기가 훨씬 더 어렵다. 그 결과 문제가 계속되며, 이런 불리한 결과는 문헌에서 소위

'연금권의 이전불가성(non-transferability of pension rights)'이라고 알려진 것이다.

노령연금과 실업급여의 사이에 위치하는 급여가 있을 수 있다. 이에 대해서는 제10장에서 자세히 살펴본다.

제 8 장

사망

부양자 상실에 대한 위험 한 사람의 사망으로 인하여 다른 사람이 소득의 원천을 상실하게 되는 경우가 종종 있다. 한 사람의 사망을, 다른 각도에서 보자면 다른 사람의 '살아남음' 또는 '남겨짐'을, 사회적 위험의 하나로 인정하는 이유이다. 여기서 가족 내의 전통적 역할모델에 대해 먼저 생각해 보아야 한다. 한편으로 유급노동(즉, 임금)으로부터 소득을 창출하는 부양자가 있고, 다른 한편으로 '부양을 받는' 배우자와 자녀가 있었다. 부양자의 상실에 대해 사회보장체계에서 보상을 마련해야 함은 분명했다. 사별여성연금(widow's pension)은 이런 목적으로 만들어졌다. 반면 사별남성연금(widower's pension)은 아주 예외적인 경우에만 볼 수 있었다. 이 연금은 남편이 건강문제로 소득원으로서의 지위를 갖지 못하고, 그 대신 부인이 부양자의 역할을 떠안은 상태에서 사망하는 경우에 희귀하게 볼 수 있었다. 성별에 관련된 이런 불평등이 몇몇 국가에서 여전히 존재하지만 대부분 국가에서 점차 사별여(남)성연금이 ─평등한 조건에서─ 양쪽 배우자 모두에게 적용되고 있다. 부모를 모두 잃은 아동(즉, 고아)이나 한 부모를 잃은 아동(즉, 준고아) 역시 수급자격을 가지는데, 이때 급여의 분류는 해당 사회보장체계에 따라 다르다.

유족급여(survivor's benefit)는 일반적으로 사망한 사람의 유급노동으로부터의 소득에 의존해 왔던 유족에게 소득대체를 보장해 주는 것을 목적으로 한다. 단, 그 유족이 본인 능력으로 임금을 획득할 수 없다고 보이는 상황을 전제로 한다.

적응급여의 개념 자유로운 사회에서는 남성이든 여성이든, 성인이 각자 노동을 통하여 소득을 창출하도록 기대되는 만큼(또 가족 내 노동 분배에 대한 파트너와의 합의가 사회의 의무에 영향을 미치지 않는 만큼), 남겨진 파트너를 위하여 소득대체를 제공해야 할 필요성도 사망 이후 상대적으로 짧은 기간으로 한정될 것이다. 달리 말하면, 유족파트너가 노동시장으로 진출하는 과도기 동안 제한적으로 급여를 제공하는 것이다. 이런 점에서, 적응급여(adjustment benefit)라는 용어가 사용될 때가 있다. 이런 이유로 고아급여(orphan's benefit)와 적응급여에만 익숙한 국가도 있다. 만일 유족이 그 과도기가 만료될 때까지 직업을 구하지 못하면, 실업급여나 부조급여와 같은 다른 급여에 대한 수급자격을 가질 수 있다.

유족급여의 지급 요건　그럼에도 불구하고 대부분의 국가에서 유족급여가 적응급여(와 구분되든 아니든)에 더하여 지급된다.

　유족급여의 수급자격을 가지려면 몇 가지 조건을 만족해야 한다. 이 조건들은 대체로 사망자와의 관계, 유족의 연령과 노동능력상실의 가능성, 유족 고유의 가족상황, 때때로 유족의 생계수단 등과 관련 있다. 이 조건들에 대하여 하나씩 자세히 살펴보도록 하겠다.

사망자와의 관계　사망자와 남겨진 파트너 사이의 관계에 관한 몇 가지 조건들이 있다. 일반적으로는 사망 당시에 이 두 사람이 실제 혼인관계였음이 우선적으로 요구된다. 하지만 상당히 오랫동안 지속된 일정한 공동가구 형태를 혼인과 똑같이 취급하기도 한다.

　사망자가 전 파트너를 부양해야 할 책임을 가지고 있었던 경우(위자료) 상황이 더욱 복잡해질 수 있다. 사망 당시에 혼인이 이미 해소되어 있었더라도 그의 사망으로 인해 소득의 원천이 없어지는 사람이 있기 때문이다. 이때 살아남은 사람을 의사사별여(남)성[pseudo-widow(er)]이라고 부를 수 있다. 일부 국가에서는 의사사별여(남)성인 경우에도 일정한 조건을 만족하는 경우 유족급여에 대해 자격을 가질 수 있도록 사회보장제도를 마련하고 있다. 따라서 이혼 시 유산에 대한 효과에 관하여 판결을 내리는 법원이 유족급여에 대한 자격을 결정할 때가 있다. 의사사별여(남)성이 유족연금을 받는 경우, 결과적으로 실제 사별여(남)성에게 지급되는 유족급여가 줄어드는 상황이 종종 발생한다. 이런 경우에는 혼인기간에 비례하여 분배하게 될 가능성이 많다. 어떤 체계에서는 이혼으로 발생하는 문제에 대한 대안적 보상방법으로 직장에 기반한 접근을 채택하는 경우도 있다. 이런 제도에서는 그 파트너에게 파생되는 권리(즉, 유족급여)를 부여하는 대신, 근로를 하는 파트너 임금의 일부를 다른 파트너의 임금이라고 취급하여 산입함으로써, 근로를 하지 않는 파트너가 본인의 은퇴연령에 이르렀을 때 이에 해당하는 노령연금을 청구할 수 있도록 한다.

사망 당시에 두 사람이 혼인 중이어야 한다는 조건에 더하여, 혼인이 일정 기간(예를 들어 1년) 유지되었거나 이 혼인에서 출산한 자녀가 있어야 한다는 등의 조건이 부가될 수 있다.

사망 당시에 사망자나 유족이나 양측 모두가 유족급여제도의 적용대상 범위에 속해야 한다는 요건이 있을 수 있다. 대부분의 경우에 사망자가 이 요건을 만족하는 것으로 충분할 것이다.

연령 연령은 또 하나의 중요한 요소이다. 일반적으로 유족급여는 특정한 연령에 이른 사별여성 또는 사별남성에게 지급된다. 그의 생애 단계에서 노동시장으로 재진입하는 것을 더 이상 기대할 수 없다고 보이는 연령을 의미하며 약 40세 정도인 경우가 많다. 원래는 이 연령을 정할 때 다른 고려사항도 있었다. 어떤 연령이 되면 사별여성이 자녀를 가질 수 없게 되고 따라서 새로운 남편을 찾는 것이 어려워진다는 것이었다. 사망 당시에 연령조건을 만족하지 않는 사람은 실제로 그 연령이 되었을 때 유족급여 수급자격을 갖게 된다. 사별여(남)성이 근로능력을 상실한 경우, 또 자녀를 부양하고 있거나 과거에 일정한 수의 자녀를 양육한 경우, 연령에 관한 최소조건을 완화하거나 아예 제외하는 경우도 있다.

유족급여는 정해진 기간 없이 계속 지급될 수도 있고, 일정 연령, 보통은 본인의 노령연금에 대한 권리를 획득하는 연령이 되면 종료될 수도 있다. 어떤 나라에서는 후자의 방식을 택하지 않고 대신에 노령연금과 유족연금의 중복수급을 제한하거나 금지하는 특별규정을 만들어 적용하기도 한다.

유족의 재혼 유족이 새로운 가족을 형성하는 경우, 소득대체가 더 이상 필요하지 않게 될 수 있다. 그렇기 때문에 대부분의 유족급여제도에서 유족의 재혼과 함께 소득대체가 중단된다.

자산조사 유족급여에 사회부조의 요소가 포함되어 있는 경우 자산조사가 이루어질 수 있다.

유족연금과 노령연금 유족급여는 대개 장기간에 걸친 정기수당의 형태, 즉 (유족)연금의 형태를 취한다. 그런 이유로 노령연금과 유족연금이 동일한 연금제도에 포함되어 있는 경우가 아주 많다. 또 그 결과, 유족연금의 수급자격과 금액에 관한 규칙이 노령연금의 경우와 동일한 경우가 많다. 허용되는 노동에 관한 규정도 유족급여에 대해서 대부분 그대로 적용된다.

유족연금은 대개 사망자가 받았거나 받았을 노령연금에 대한 일정 비율로 정해진다. 여기서 사망자가 받았을 노령연금이란, 사망 당시에 그가 은퇴연령에 이르렀다면 받았을 연금액이나, 더 흔하게는 사망과 은퇴연령 사이의 기간을 (가상의) 가입기간으로 산입하였을 때 받게 될 연금액을 말한다.

노령연금에 대한 언급 없이 유족급여를 정하는 것도 물론 가능하다. 그 대신, 과거의 임금이나 기여금과 직접 연관지어 정기지급액을 산정하거나 유족급여를 정액으로 제공할 수 있다.

적응급여의 수급　유족급여의 수급자격이 없거나 수급자격을 잃은 사람들의 경우(예를 들어 재혼했거나, 연령기준을 충족하지 못하거나, 더 이상 부양하고 있는 자녀가 없는 등의 이유로), 적응급여를 받을 수 있는 기간이 짧다(예를 들어 1년). 적응급여의 수준은 보통 유족급여에서 제공되는 금액에 준한다.

자녀 등의 수급자격　부모를 모두 잃거나 한쪽 부모를 잃은 경우에도 수급자격이 있다. 급여는 사회보장체계에 따라 달리 분류된다. 유족파트너의 경우와 마찬가지로 부모를 잃은 자녀도 유족연금을 청구할 수 있을 것이고, 이 경우 대개 그 자녀가 노동시장에 진입할 수 있게 될 때까지 수급자격이 유지된다. 또는, 가족급여제도 내에 별도로 마련된 고아급여나 일반 가족급여에 부가하여 제공되는 추가수당을 받을 자격을 가질 수도 있다.

사망자의 피부양 배우자나 자녀에 더하여, 그가 함께 살면서 부양하던 다른 사람들—예를 들어 부모, 조부모, 형제, 자매 등—까지도 어떤 사회보장체계에서는 수급자격을 가질 수 있다. 유족급여에 대해 수급자격을 가진 사람들 사이에 우선순위가 있을 수 있다. 유족 파트너와 자녀가 최우선순위를 가지고, 다음으로 부모, 형제자매 등의 순이 될 것이다. 유족급여액이 사망자 임금의 일정 비율로 산정되는 경우에, 대개는 모든 유족에게 제공되는 총금액이 기준소득의 일정비율(일반적으로 100%)을 넘지 않아야 한다는 규정이 있을 것이다.

민간보험 민간보험에서 보험가입자(이면서 후에 사망하는 사람)가 유족연금의 수급자를 자유롭게 지정할 수 있는 경우가 많아지고 있다. 특히 혼인하지 않은 사람의 경우에 그렇다.

장례급여 어떤 사람의 사망으로 인하여, 다른 사람이 소득의 원천을 잃는 것뿐만 아니라 특수한 지출이 필요해진다. 사회보장에서 아주 초창기부터 고집스럽게 장례비(의 일부)에 대하여 보상하고 있는 이유이다. 이러한 장례급여(funeral benefit)는 일반적으로 일정액의 목돈으로 지급되며 장례비용을 실제로 부담하는 사람에게 지급된다.

산업재해보상 사망이 산업재해나 직업병에 의하여 초래된 경우에, 대개는 직업적 위험을 보장하는 제도에서 그 유족 배우자, 자녀 그리고—어쩌면—그 제도에서 지정하는 다른 사람들에 대하여 보상금을 지급할 것이다. 이런 수당은 유족에게 지급되는 일반급여보다는 덜 엄격한 조건(예를 들어 혼인기간, 재혼의 효과, 허용되는 노동, 연령 등에 있어서)에 따라 지급되는 것이 대부분이다.

경과조치적 급여   정기적 사회보장급여를 이미 받고 있던 사람이 사망하는 경우, 그의 사망 후에도 이 급여가 한 번 더, 혹은 두세 번 더 지급되는 경우가 많음을 마지막으로 언급하고자 한다.

제 9 장

노동능력상실

노동능력상실에 대한 급여   사람은 병에 걸리기도 하고 사고를 당하기도 한다. 그 결과로 생계를 위해 노동에 의존했던 사람이 소득을 (완전히 또는 부분적으로) 상실할 수 있다. 사회보장에서는 이런 사람들을 위한 소득대체, 즉 '노동능력상실(incapacity for work)'에 대한 급여를 제공한다.

소득창출능력의 상실을 판단하는 기준 - 기준인 개념   하지만 모든 건강손상(의학적으로 진단받은 손상)이 노동능력상실로 이어지는 것은 아니다. 노동능력상실이라고 말할 수 있는 경우는, 대체로 소득창출능력의 상실이 확인될 수 있을 때, 즉 그 사람이 질병이나 사고로 인하여 더 이상 그의 '기준인'만큼 수입을 얻지 못하게 되었음을 입증할 수 있을 때이다. 여기서 '기준인(reference person)'이란 당사자와 비교될 수 있는 (추상적인) 사람으로 질병이나 사고를 겪지 않았고 (때로는) 유사한 직업을 가진 사람을 말한다. 여기서 유사하다는 것은 완벽한 유사성을 의미할 수 있다. 이 경우 건강손상을 입기 전의 자기자신(더 정확하게는, 질병에 걸리거나 사고를 당하지 않았다고 가정할 경우의 자기자신)이 기준인이 될 것이다. 보통 노동능력상실의 초기이며 단기일 때 근로능력을 잃은 사람과 기준인이 일치한다(예를 들어 첫달, 3개월 혹은 1년). 기준인과 부분적으로 유사할 수도 있다. 동등한 경력, 동일한 교육 및 훈련, 동일한 직업부문, 동일한 실제 직업을 가진 사람이 기준인이 될 수 있다. 유사성이 상대적으로 약하거나 아예 존재하지 않을 수도 있다. 이때의 기준인은 당사자가 겪은 그 질병이나 사고 피해를 당하지 않은 사람 누구나가 된다.

남은 소득창출능력의 평가 – 노동시장 현황의 반영 따라서 일반적으로 노동능력상실을 증명하려면, 기준인과 비교하여 소득창출능력이 상실되었음을 입증해야 한다. 달리 말하면, 건강상 장애에도 불구하고 여전히 종전의 직업이나 직업활동부문, 혹은 본인이 감당할 수 있다고 합리적으로 여겨지는 어떤 직업을 통해 벌 수 있는 소득이 얼마나 되는지 살펴보아야 한다. 이와 관련하여 두 가지를 짚고 넘어가야 겠다.

첫째, 노동능력상실제도에서도 — 따라서 실업제도만이 아니라 — '적당한 일자리'라는 하나 또는 (대부분) 그 이상의 개념을 사용하는데, 여기서 '적당한 일자리(suitable work)'란 당사자에게 여전히 기대할 수 있는 직업활동이라고 정의된다.

둘째, 소득창출능력을 평가하는 방법은 두 가지가 있다. 하나는 노동시장의 실제상황을 반영해서 평가하는 것이고, 다른 하나는 온갖 현실적 실업문제를 고려하지 않고 평가하는 방법이다. 어떤 사람의 실제 소득창출능력을―본인의 직업이나 산업분야, 또는 어떤 적당한 직업활동 속에서―고려하는 경우 아주 경미한 건강상의 문제로도 완전히 노동능력을 상실할 수 있다. 노동시장상황이 매우 열악하고 구직활동이 너무 치열해서 아주 경미한 건강상의 손상으로도 직업을 구하기가 실제로 불가능할 수 있기 때문이다. 반면, 만일 노동시장상황을 추상적으로 본다면, 이 논의는 아주 이론적인 것이 된다. 어떤 사람이 여전히 얼마를 벌 수 있는지는 노동시장의 상황을 고려하지 않고도 이야기할 수 있다. 그렇다 해도 노동의 가격은 대부분 해당 노동시장의 상황에 달려 있을 것이다. 그럼에도 불구하고, 이상하게 보이겠지만 대부분의 국가에서는 노동능력상실을 '추상적'으로 평가하는 방법을 선택한다. 그렇게 해서 노동시장의 상황이 안좋을 때 노동능력상실제도에 부담을 주지 않고, 또한 노동시장상황이 바뀔 때마다 노동능력상실을 재평가하는 일이 없도록 하기 위해서이다. 하지만 실무적으로는 노동능력상실을 평가할 때 당사자가 일자리를 구할 실제적인 가능성을 완전히 무시하지는 않는다.

기준인의 소득창출능력 기준인과 당사자―사고를 당하거나 질병에 걸리지 않았다고 가정할 때의 당사자―가 일치하는 경우에는, 기준인의 소득창출능력을 쉽게 판단할 수 있다. 노동능력을 상실하기 이전의 실제 임금을 바탕으로 산정할 수 있기 때문이다. 예를 들어, 노동능력 상실 직전의 마지막 임금이나 일정기간 동안의 임금을 고려할 수 있다. 자영업자의 경우에는 좀 더 오랜 기간의 평균소득을 고려하는 것이 유용할 수 있다. 자영업자는 질병으로 인해 이미 소득이 줄어든 상태로 한동안 일을 계속했을 수 있기 때문이다. 노동에 의지하여 생계를 유지해야 할 사람이―예컨대 실업이나 다른 질병으로 인하여―일을 하지 않는 상태에서 노동능력을 상실하게 된 경우에는, 그 건강상 장애가 발생하기 전에 받은 대체소득의 액수를 가지고 기준인의 소득 창출능력을 결정하지 않는다. 그 대신 대체소득을 산정하는 데 기준이 된 임금을 고려하게 된다. 필요한 경우에는 건강상 장애가 발생한 후에도 당사자가 여전히 벌 수 있는 소득에 비견되는 수준으로 직업소득액을 재평가한다.

노동능력상실의 정도 구분과 심사 절차　노동능력을 상실한 사람의 소득 창출능력과 기준인 사이의 관계를 노동능력상실의 정도라고 부른다. 노동능력상실의 정도를 일정한 비율로 표시하는 국가도 많고, 두세 가지 혹은 그 이상의 등급이나 범주로 구분하는 국가도 있다. 가장 흔한 형태는 세 범주로 구분해서, 첫째, 완전히 노동능력을 상실했으며 다른 사람의 간호나 돌봄이 필요한 사람, 둘째, 완전히 노동능력을 상실한 사람, 셋째, 부분적으로 노동능력을 상실한 사람으로 나누는 것이다.

　노동능력상실의 정도를 판단하는 것은 결코 쉽지 않다. 이 절차에는 다음과 같은 일련의 단계가 있다. 먼저, 의학적으로 당사자가 여전히 수행할 수 있는 작업이 무엇이 있는지 검사하고, 그 다음 이런 수행 가능한 작업으로 여전히 할 수 있는 적당한 직업활동이 무엇이 있는지 본다. 마지막으로, 그 직업활동을 통해 얻을 수 있는 소득을 평가한다. 이 과정에는 의사뿐만 아니라 노동과 임금 양측의 전문가들이 참여하여야 한다. 이런 협력이 법으로 정해진 국가들도 있다. 하지만 실무적으로 볼 때, 거의 모든 국가에서 의사가 노동능력상실의 정도를 판정하는 대부분의 역할을 담당한다. 이 때문에 능력상실등급표, 즉 각각의 건강상 장애(예를 들어 손가락 절단, 천식 등)에 대해 능력상실 정도를 백분율로 정해 놓은 목록을 사용하는 경우가 있다 .

국가에 따라서는 노동능력상실의 비율이 100%를 넘을 수 있다고 인정하는 경우도 있다. 혼자 일상생활을 영위할 능력을 잃었고(독립성의 상실), 보통의 생활을 하려면 다른 사람의 돌봄이 필요하다는 것을 의미한다.

노동능력상실제도에서는 노동에 의지해 생계를 유지해 왔던 사람으로서—질병이나 사고로 인하여—소득창출능력을 잃은 경우에만 소득대체를 제공하는 경우가 많다. 따라서 많은 제도에서는 당사자에게 건강상의 문제가 생겼을 당시 노령연금을 수급할 수 있거나 자발적으로 직업활동을 하지 않던 상태였다면 노동능력상실급여에 대해 수급자격을 갖지 못한다. 반면, 예컨대 실업 중인 경우라면 노동능력상실급여를 청구할 수 있다. 또 노령연금이나 퇴직연금제도 내에서 조기은퇴의 혜택을 누리려면, 완전 또는 부분 노동능력상실을 전제조건으로 요구하는 경우가 많다.

초기 노동능력상실급여와 장기 노동능력상실급여 대부분의 사회보장제도에서는 노동능력상실의 초기(이면서 한시적인)기간과 노동능력상실의 장기(이면서 잠재적으로 무기한인)기간을 구분한다. 일반적으로 이 두 가지 기간에 따라 급여의 조건과 금액이 달라진다.

노동능력상실 초기에 지급되는 급여는 질병급여(sickness benefit)라고 불리곤 한다. 이 급여는 노동능력상실 기간이 며칠 또는 몇 달 이내이거나 예전 근로능력을 다시 회복할 것으로 기대되는 사람에게 지급된다. 여기에서 기준인은 건강을 잃기 전 당사자 본인과 일치하는 경우가 많다.

노동능력상실 기간이 더 긴 경우의 급여는 장애급여(invalidity benefit)라고 불리곤 한다. 이 급여는 노동능력상실이 이미 며칠 또는 몇 달 이상 지속되었거나 확정된 ('고정된') 노동능력상실의 정도에 이른 것으로 보이는 사람에게 지급된다. 이 경우에는 본인 직업에서의 소득창출능력뿐만 아니라 적당하다고 여겨지는 다른 모든 직업에서의 소득창출능력이 비교대상이 된다.

초기 노동능력상실급여 – 질병급여의 결정 '질병급여'는 대개 이전에 받던 직업소득과 관련하여 결정되지만, 때로는 노동능력상실의 정도와 관련하여 결정되기도 한다. 노동능력상실의 아주 초반 시기에는 사회보장체계를 통한 소득대체가 이루어지지 않는 경우가 꽤 많다. 사회보장제도에는 대기기간, 즉 급여를 받기 위한 모든 조건을 충족하면서도 아직까지 급여를 받지 못하는 기간이 있는 경우가 많다. 근로자(와 공무원)의 경우에는 노동법이나 단체노동협약상의 제도에서 이 대기기간에 고용주가 임금을 계속 지불하도록 함으로써 보장을 받는다. 단기의 병가를 연속하여 사용하지 못하도록, 그렇게 짧은 기간의 임금 손실에 대해서는 병에 걸린 당사자 본인이 감당하도록 (고용주나 자발적 보험으로 전가하기보다는) 법에서 정하기도 한다. 자영업자(와 보장받지 못하는 근로자)는 대개 본인이 자발적으로 (민간 또는 기타) 보험에 가입할 수 있다.

정의한 대로, '질병'급여는 시간제한을 받으며, 대개 '장애'의 발생 시점까지 지급된다.

장기 노동능력상실급여 – 장애급여의 결정　일반적으로 '장애급여' 역시 노동능력상실의 정도와 관련하면 된다. 과거의 직업소득도 대부분 고려된다. 하지만 계산방식은 다양하다. 예를 들어 장애급여를 마치 연금인 것처럼 보고 그렇게 취급하는 제도도 많다. 이때는 노령연금과 유족연금을 정하는 것과 유사한 방식으로 장애급여가 결정된다. 결과적으로 전체 직업활동 기간에 받은 소득이 계산에 고려된다. 반면 장애급여를 질병급여의 연장선상에서 다루는 나라들도 있다.

장애급여액은 보통 질병급여액보다 낮고, 자산조사를 바탕으로 지급되는 경우가 더 흔하다. 또, 장애급여를 청구하는 사람은 질병급여 신청자에 비해 노동, 거주, 보험기록을 제시해야 할 때가 더 많다.

장애급여는 원칙적으로 노동능력상실의 종료, 은퇴 또는 사망시까지 계속 지급된다.

질병급여와 노동능력상실의 입증　질병급여를 받는 기간에는 당사자의 담당의사가 진료하여 질병이 있다고 말할 뿐이다. 근로자가 건강문제로 집에 있게 되면, 대체로 노동능력상실을 입증하는 증빙서류를 고용주에게 제출하도록 되어 있다. 자영업자이면서 질병에 걸린 경우에는 노동능력상실을 평가하는 것이 쉽지 않기 때문에 보통 자영업활동이 완전히 중단될 것을 요구한다. 또한, 자영업자에 대해 제도상에서 대기기간을 더 길게 두는 경우가 많다.

노동능력상실급여의 수급자가 다른 수입이 있는 경우　노동능력상실급여 수급자에게 소정의 소득이 있어도 되는지 여부는 노동능력상실의 정도에 따라 달라진다. 완전히 능력을 상실하였다고 판정받은 경우에는 원칙적으로 다른 직업소득을 얻을 수 없다. 부분적으로 노동능력을 상실하였다고 판단된 사람의 경우에는 인정된 근로능력에 해당하는 만큼 직업소득을 얻을 수 있다. 그런데 실무적으로는 상당히 곤란한 문제가 생긴다. 어떤 사람이 노동능력상실 정도에 따라 허용된 범위 이상으로 수입을 얻는 상황이 얼마든지 있을 수 있고, 그 결과 급여가 삭감되거나 노동능력상실의 정도가 조정될 수 있다. 하지만 많은 제도에서는 노동능력을 상실한 사람이 노동시장으로 돌아갈 수 있도록 격려하는 차원에서 어느 정도 관대함을 발휘하고 있다. 완전히 노동능력을 상실한 사람에 대하여 소득을 모두 빼앗는다면, 노동시장으로 재통합되기 위해서 노력할 인센티브가 없어지기 때문이다.

노동능력상실 정도의 재심사   시간이 흐르면서 노동능력상실의 상태가 변할 수 있다. 시간이 지남에 따라—질병이나 사고 때문에—능력상실의 정도가 더욱 심각해질 수 있다. 결과적으로, 능력상실의 정도를 재심사해야 한다. 다행히도 노동능력상실의 정도가 경미해지거나 혹은 완전히 근로가능한 상태가 될 수도 있다. 이런 경우에도 역시 노동능력상실이 재심사될 것이다. 대부분의 노동능력상실 제도에서는 이렇게 변경가능성을 열어 놓고 있다. 일정 기간과 연결되는 것이 일반적이기는 하지만 말이다(예를 들어 이전 검사 이후에 몇 달 또는 몇 년 안에는 변경이 불가능함).

노동능력상실의 예방과 회복을 위한 급여   사회보장이 무엇보다도 먼저 노력해야 할 일은 노동능력상실이 초래되지 않도록 예방하는 것임을 상기해야 한다. 그 다음으로 근로능력을 회복시키는 조치를 고민해야 한다. 노동능력상실에 대하여 보상하는 것은 가장 마지막으로 취하는 방법이다.

노동능력상실급여를 어떤 방식으로 마련하는지에 따라 예방의 효과가 있을 수 있다. 누군가의 건강이 이미 손상된 후에 급여를 제공하는 대신, 어떤 제도—특히 직업병 보험—에서는 그 전에, 즉 그 상태로 일을 계속하면 건강에 심각한 손상이 발생하리라는 것이 분명해졌을 때 급여를 미리 제공한다.

상실한 노동능력을 회복하도록 급여제도의 방식을 갖출 수도 있다. 일부 제도에서는 노동능력을 상실한 사람이 다시 일을 하도록 인센티브를 제공한다. 또, 특정한 의료검진이나 수술을 하도록 하거나 재활프로그램에 참여하도록 강제하여, 이에 따르지 않으면 급여를 삭감하거나 중지하는 벌칙을 주기도 한다. 부분적으로 노동능력을 상실한 근로자에게 계속 임금을 지급하거나 부분적으로 노동능력을 상실한 사람을 고용하게끔 고용주를 재정적으로 유인하기도 한다. 심지어 전체 직원 수 가운데 일정 할당분은 부분적으로 노동능력을 상실한 사람이나 장애인을 위하여 남겨 두도록 의무화하는 국가도 많다.

노동능력상실의 원인에 따른 특례　노동능력상실의 원인에 따라 소득상실에 대한 보장범위가 크게 달라질 수 있다. 많은 나라에서 '직업적 위험', 즉 산업재해나 직업병으로 인한 소득상실의 위험에 대하여 보장하는 별도의 제도를 가지고 있다. 이러한 직장보험제도에서, 능력상실에 대하여 지급되는 급여에 더하여 추가적인 급여를 지급하거나, 혹은 이를 대체하는 급여를 제공한다. 산업재해나 직업병에 대한 보험은 일반적인 노동능력상실제도와 주로 다음과 같은 점에서 차이가 있다.

- 급여수준이 더 높거나 더 유리한 계산공식을 채택한다.
- 단순한 건강손상을 보상하는 급여까지 제공하는 경우가 많다.
- 은퇴 이후에도 급여가 계속되는 경우가 많다.
- 유급노동에서 발생하는 수입과 중복하여 급여를 받을 수 있다.

산업재해와 직업병에 관해서는 제5장에서 더 자세하게 살펴보았다.

생태학적 재해 등 다른 원인으로 인한 건강손상에 대해서는 예외적으로 그 건강손상을 보상하는 특전이 있는 특별한 사회보장제도가 마련될 수 있다.

때로는 노동능력상실이 발생한 원인이 일반적인 노동능력상실제도에서 부정적인 의미로 중요한 역할을 하는 경우가 있다. 특정한 위험 상황에 본인을 스스로 노출시킨 경우나(예를 들어, 위험한 스포츠활동을 한 경우), 노동능력을 상실하게 된 상황을 만든 책임이 온전히 본인에게 있는 경우에는 노동능력상실급여가 거부되기도 한다. 이 중 후자는 범죄행위의 결과나(무장강도에서부터 신호를 무시하고 길을 건너는 보행자까지), 계획적 의도의 결과나(예를 들어, 자살시도의 실패), 중과실의 결과로 노동능력을 상실하게 된 경우일 수 있다. 제도적으로, 본인에게 잘못이 있는 경우에만 급여지급을 거부하기도 한다. 하지만 오늘날에는 지급거부 사유로서 본인 책임이나 잘못에 대한 언급을 전혀 하지 않거나, 노동능력상실급여를 받으려고 의도적으로 그 행위가 이루어진 경우에 한하여 제한적으로 급여지급을 거부하는 경향이 있다고 보인다.

앞에서 말한 바와 같이, 노동능력상실은 통상 소득창출능력의 상실로 이해된다. 하지만 어떤 제도에서는—특히 산업재해와 직업병 사회보험에서는—단순한 인적 손상, 즉 신체적 또는 정신적 장애에 대해, 그러한 건강상태가 소득창출능력에 어떠한 영향을 미쳤는지 여부에 상관없이 보상을 지급하기도 한다.

또한, 한 번도 소득창출능력을 가진 적이 없었던 사람에 대해서도 이 제도를 통해 소득을 제공하는 국가가 많다. 예를 들면 어렸을 때 장애나 질병의 영향을 받은 사람들, 즉 노동시장에 진입할 수 있는 연령이 되기 전에 장애를 갖거나 병에 걸려서, 유급노동으로부터의 소득이나 어떠한 방식으로든 혼자 생계를 유지할 수 있을 만큼의 소득을 획득하리라고 합리적으로 기대할 수 없는 사람들을 생각해 볼 수 있다. 모든 거주민을 보장하는 보험을 갖추고 있는 나라의 경우, 이 보험이 노동능력상실이라는 위험에도 적용된다면 위와 같은 사람들도 그 보험 속에 포섭될 것이다. 하지만 일반적으로는 어린 나이에 장애를 갖게 된 사람들의 경우 부조제도에 의한 지원을 받게 된다(제14장 참조).

실업

실업보험과 실업부조　생계를 위해 유급노동에 의지하여야 하는 사람이 직업을 잃거나 직장을 구하지 못하게 되면 대체소득에 기대어 살아야 한다. 이런 이유로 실업급여가 만들어졌다. 실업급여는 보통 두 가지 수준, 즉 사회보험의 수준과 사회부조의 수준으로 이루어진다.

실업부조(unemployment assistance)의 논리는 원칙적으로 사회부조와 같다. 고정액수로 급여가 지급되고, 자산조사가 실시된다는 것 등이다. 이 점에 대해서는 제14장에서 더 자세하게 다룰 것이다. 여기에서는 통상 실업부조제도가 일반적 부조제도보다는 약간 더 유리하다는 점을 언급하는 것으로 충분하다. 급여액이 더 높고, 유급노동으로부터의 소득분에 대하여 더 많이 자산조사를 면제함으로써 실업자가 전일제 직업은 아니더라도 일을 계속하도록 촉진한다.

실업보험의 적용대상　대부분의 국가에서 실업보험(unemployment insurance)은 근로자에 대해서만 보장한다. 공무원은 이미 정년보장이 상당히 잘 되어 있기 때문에 적용대상에 포함되지 않을 때가 많다. 건강 이외의 이유로 인해 직업활동을 그만두어야 하는 자영업자 역시 실업보험에서 대부분 제외된다. 이런 접근을 뒷받침하는 주요 논지는 자영업자에게 실업은 대개 보험불가능 위험(non-insurable risk)이기도 하고, 자영업을 한다는 것 자체가 위험을 감수한다는 것과 다름없다는 것이다. 그럼에도 불구하고 일부 국가에서는 자영업자도 가입할 수 있는 실업보험을 마련하고 있다. 이것은 자영업을 했던 실업자에게 실업급여를 제공하는 것이 불가능하지는 않음을 보여 준다. 물론 그러기 위해서는 가령 자영업자의 실업시점이나(예를 들어 파산을 선고한 때), 실업자가 임금소득자로 취업할 준비가 되어 있는 정도와 관련하여 특별한 장치가 마련되어야 함을 의미하기도 한다. 이 책에서는 자영업자를 위한 (자영업자에게도 열려 있는) 실업보험에 대해서는 자세히 다루지 않겠다.

실업의 비자발성, 비책임성 및 노동시장 참여의사　원칙적으로 유급일자리가 없는 것이 실업자의 자유로운 선택의 결과가 아니었을 경우에만 실업이 사회적 위험으로 인정되고 이에 따라 실업보험이나 실업부조의 혜택을 받을 수 있다. 따라서 실업급여의 수급자격을 얻는 첫 번째 조건은 그 실업이 비자발적이고 본인이 만들어 낸 상황이 아니어야 한다는 것이다. 이 조건이 충족되지 않은 경우에는 급여가 거부되거나, 삭감되거나, 혹은 몇 주 또는 몇 달 동안 정지될 수 있다.

실업이 비자발적이라는 것은 실업이 발생한 순간이나 실업기간에 발생하는 사건들을 통해서 확인할 수 있다.

근로자가 자발적으로 사직했거나 근로자의 잘못으로 인하여 해고된 경우, 이 실업은 비자발적이 아니라 스스로 자초한 것으로 본다. 근로자가 노동계약을 일방적으로 결렬시켰을 때에도 마찬가지이다. 하지만 해고나 계약의 결렬이 있을 때 항상 근로자가 비난받아야 한다는 의미는 아니다. 일반적으로 고용주 측에 잘못이 있는 위급한 사유로 인하여 근로자가 노동계약을 종료한 경우 근로자를 비난할 수 없다. 고용주가 부당하게 노동계약을 종료하였을 때에도 근로자에게 책임을 물을 수 없다. 노동계약이 상호동의하에 종료되었을 때 이를 비자발적 실업으로 볼 수 있을지는 더 어려운 문제이다. 이 경우 실업보험제도상에서는 근로자에게 실업에 대한 책임이 있다고 보는 견해가 일반적이다.

실업의 책임이 실업자 본인에게 있는 경우, 급여를 삭감하거나 정지하는 데 그치지 않는 경우도 있다. 실업급여를 챙기려는 의도가 있었다면 실업급여 수급자격을 완전히 박탈하기도 한다.

비자발적 또는 본인 잘못이 없는 실업이라도, 실업상태가 된 후에 상황이 달라질 수 있다. 노동시장에 더 이상 나오지 않겠다고 밝히거나 실제로 노동시장에 나오지 않는 경우가 대표적이다. 그렇기 때문에 제도적으로 일반 노동시장에의 참여의사를 요건으로 하는 경우가 있다. 또는 '적당한 일자리'라는 개념과 연결시켜, 자신에게 적당한 직업에 대해서 노동시장 참여의사를 가지면 되도록 하기도 한다.

실제로 노동계약 종료가 근로자의 자발적 의사나 본인 잘못에 의한 것이었더라도, 그 (직)후에 바로 새로운 직업을 구한 경우에는 상황이 좀 더 특별해진다. 새 직장에서 잠시 일한 후 비자발적으로 다시 직업을 잃게 된다면 일부 사회보장제도에서는 그 실업을 본인 책임으로 본다. 첫 직장을 떠나지 않았더라면 실업상태가 되지 않았을 것이기 때문이다.

구직요건 일반적으로 수급자격이 있는 실업자는 공공 고용중개기관에 구직등록을 해야 한다. 구직활동을 입증해야 할 수도 있다(예를 들어, 정기적으로 취업지원을 했다는 증빙자료를 제출하는 등). 다른 한편으로 고용주는 의무적으로 고용중개기관에 결원을 알려야 하는 경우가 많고 집단해고(의 의사)에 대하여도 보고하도록 요구받을 수 있다.

적당한 일자리의 개념과 기준 또한, 실업자는 일할 준비가 되어 있어야 한다. 더 정확하게는, 적당한 일자리를 제안받을 때 언제나 받아들일 준비가 되어 있어야 한다. 제안을 거절하면 실업급여가 삭감, 정지 또는 종료될 수 있다. 분명, 어떤 일자리가 적당하거나 그렇지 않다고 인정되는지, 그 정의가 실업제도의 엄격성을 결정하는 하나의 요인이 될 것이다. 여기서 '적당한 일'이라는 개념이 항상 소극적으로 정의된다는 점을 기억해야 할 것이다. 즉, 고용제안을 받았을 때 거절해서는 안 되는 일로 정의된다.

적당한 일인지 여부를 판단하는 기준은 법령에 의해 정해질 수도 있고, 또는 행정기관이나 법원의 평가에 맡겨질 수도 있다. '적당한 직장'이란 따라서 실업자가 주관적으로 최상이라고 생각하는 일자리와 꼭 일치하지는 않는다. 이 기준에서는 대개 집과 직장 사이의 거리나, 직업의 합법성과 특히 노동법 준수상태, 보수, 근로시간과 기간, 당사자의 가족상황, 종교적 신념 등과 같은 요소들을 고려한다.

일할 의지   물론 본인의 일할 의지도 확인한다. 주로 고용중개기관이 조사를 담당하여 결원이 있는 자리에 왜 취업하지 않는지 묻는다. 그러나 고용중개기관과 실업보험의 시행감독기관이 항상 동일기구에 속해 있지는 않으며, 이들 사이에 정보교류가 체계적으로 이루어지지 않을 수도 있다. 이런 구조가 감독을 하기에는 상당한 장애가 되는 한편, 고용중개기관을 효과적으로 운영하기 위해 긍정적 측면이 있을 수도 있다. 실업자가 진짜 원하는 것이 무엇인지 고용중개기관에서 더 잘 알게 되면 그 사람에게 꼭 맞는 직장을 찾아 주는 일이 더 쉬워지는 것이 사실이기 때문이다.

일부 실업자는 취업할 준비가 되어 있어야 한다는 조건을 면제받거나, 무급노동을 하는 것으로 일할 의지를 입증할 수 있게 허용되기도 한다. 이는 실업보험이나 실업부조제도에 모두 적용되는데, 실업부조의 경우에 조금 더 흔하다. 예를 들어, 실업자가 거의 은퇴연령이 되었고 노동시장 상황이 상당히 비관적일 때에 면제를 적용할 수 있다. 실업급여 수급자 가운데, 예컨대 어린 자녀가 아프거나 고령의 가족을 돌보는 경우, 또는 일정한 직업훈련을 받고 있는 경우 무급노동이 인정될 수 있다. 이런 경우, 적당한 직장을 찾아야 하고 받아들여야 하는 두 가지 조건 모두를 면제받는 경우가 많다.

수급기간 중의 제재 실업급여는 비자발적인 이유로 유급노동을 통한 소득을 상실한 사람에게 지급된다. 따라서 당연히 임금과 실업급여를 동시에 받을 수 없다. 적어도 실업급여를 전액 받고 있는 상태에서 그러하다. 그러므로 실업자가 유급노동을 하려고 계획할 때 해당 행정기관에 (사전에) 고지해야 한다. 무급노동을 하려고 할 때도 똑같은 의무사항이 요구될 때가 꽤 잦다.

정해진 절차에 따라 유급노동을 보고하는 경우, 유급노동을 하는 동안 실업급여를 지급하지 않거나 그 기간에 벌어들이는 금액(전체 또는 일부)만큼 감액하기도 한다. 이 금액 중 일부는 실업자의 구직활동을 장려하기 위하여 면제하기도 한다.

절차에 따라 유급노동을 보고하지 않은 경우, 불법노동('몰래 아르바이트')의 잘못이 있고 이에 따라 제재를 당하게 된다. 무급노동에 대해서도 보고해야 할 의무가 있는데 이를 위반한 경우에도 마찬가지로 제재를 당할 수 있다.

유급노동 소득의 상실이 실업상태를 결정하는 것이지, 노동계약의 종료가 실업상태를 결정하는 것이 아님을 주목할 필요가 있다. 대부분의 나라에서 노동계약이 계속 유효한 상태에서도 실업급여를 받을 수 있다. 예를 들면, 고용주가 스스로 통제할 수 없는 상황[불가항력

(*force majeure*)의 상황] 때문에 근로자에게 일시적으로 일자리를 보장하지 못하게 되는 경우이다. 대개 파업참가자는 비자발적 실업자가 아니기 때문에 실업급여 수급자격을 갖지 못한다. 하지만 파업참가자가 아니면서 일을 하지 못하게 된 경우에는 실업급여를 청구할 수 있는 경우가 있다.

부분적 실업의 개념과 실업급여　　많은 실업제도에서 부분적 실업(part-time unemployment)이 존재할 수 있다고 인정한다. 원하지 않게 노동계약이 전일제에서 시간제로 바뀌었거나, 원하지 않게 근로시간이 감축되었거나, (완전한) 실업상태가 되지 않도록 시간제 근무제안을 받아들인 등의 경우에, 부분적으로 고용이 되어 있음에도 불구하고 일을 못하게 된 시간에 대하여 실업급여를 받을 수 있다. 전체 근로시간 중에서 (실업에 해당하는 부분인) 유급노동 부분을 정할 때는, 과거 그 사람의 근로시간이나, 전일제 고용에 해당한다고 여겨지는 시간이나, 과거와 현재 직업활동을 통해 얻는 소득을 기초로 한다. 전일제 고용에서 전환되면서 실업이 발생한 경우에만 급여를 지급할 것인지, 아니면 이미 자발적 시간제 고용이 되어 있는 경우에 이로써 충분히 실업급여 수급자격을 획득할 수 있는지는 또 다른 문제이다. 후자의 문제와 관련하여 많은 사회보장체계에서는 부분적으로 고용된 사람이 비자발적으로 실업상태가 된 경우 실업급여를 받도록 인정한다. 물론, 본인이 종전에 시간제 일자리를 선택했다는 사실에 맞추어 급여산정이 조정된다. 다시 말해, 급여액이 그만큼 줄어들 수 있다. 하지만 완전한 실업상태가 되는 것을 피하기 위해 시간제 일자리를 받아들인 사람이 추후 그 시간제 일자리까지 잃게 되면 완전한 실업과 동일한 실업급여를 받을 수 있다.

노동시장으로의 재진입 대부분의 나라에서 실업급여 신청인은 다양한 직업(재)훈련과정에 참여하도록 요구될 수 있다. 실업급여 수급자는 또한 노동시장 재진입의 가능성을 높이기 위한 온갖 종류의 검사를 받아야 할 수 있다. 그뿐만 아니라, 공공복지사업에 참여하도록 요구받을 때도 있다. 이런 경우에 보상 차원에서 더 높은 급여(혹은 통상 임금과 동일한 급여까지도)를 제공하는 국가도 있다. 또 (실업)급여 수급자가 자신의 근로능력을 지역사회에 대한 봉사에 제공하는 것을 당연시하는 국가들도 있다(소위 '노동연계복지' 아이디어이며, 제14장을 참조하라).

　실업급여를 받기 위해서는 근로능력이 있어야 한다. 실업자가 노동능력을 상실하거나, 노동능력을 상실한 사람이 실업자가 되면 대체로 실업급여보다는 노동능력상실급여를 받는다. 그렇기 때문에 일시적으로 노동능력을 상실한 실업자가 건강한 실업자로서 받을 수 있는 급여보다 더 높은 급여를 받지 않도록 해야 한다.

수급자격에 필요한 최소 근로기간 사회보험 성격의 실업급여인 경우 일정한 근로기간이나 보험가입기간을 만족하는지에 따라 수급이 결정되는 것이 일반적이다. 최소 근로기간이나 보험가입기간에 도달하기 전에 실업이 되면 수급자격을 갖지 못하거나 대기기간이 지난 후에야

자격을 갖게 된다.

지금까지는 유급노동을 잃은 사람들에게 제공되는 급여에 대해서만 언급하였다. 부조 성격의 실업급여제도에서, 또 때로는 사회보험제도에서도, 유급노동을 한 적이 없었던 사람들, 특히 학생이었다가 실업자가 된 경우에 급여를 제공하기도 한다. 이런 수급자들은 대개 급여를 청구할 수 있을 때까지 소정의 대기기간을 가져야 한다. 대기기간을 두는 이유는 다양하겠지만 무엇보다 가능한 한 빨리 취업하도록 장려하려는 의도가 있다.

급여 지급의 종료 노동능력상실제도나 실업부조제도와 달리, 거의 모든 실업보험에서 제한된 기간에만 급여를 제공한다. 급여기간이 고정된 경우가 있기도 하지만, 대부분은 실업 직전 혹은 직장경력(의 전체 또는 일부) 중의 근로기간이나 보험가입기간에 연동된다. 군복무기간과 같이 실제로 근로하지 않았거나 기여금을 납부하지 않았던 기간을 실제 근로기간이나 보험가입기간처럼 취급하여 산입하는 경우도 있다.

실업보험급여가 곧 만료되는 사람들에 대해 정부나 행정기구가 의무적으로 적당한 일자리(또는 적당한 훈련)를 제공해야 하는 국가도 있다. 이를 위해 민간부문을 설득하는 것이 불가능한 경우, 정부나 사회보장 자체에서 고용을 창출해야 (또는 훈련을 제공해야) 한다. 최소한 당사자가 실업보험급여의 수급권을 새로 취득하는 것이 가능하도록 해야 한다. 실업률이 높은 때에는 이런 제도를 실행하기가 어렵다는 것도 분명하다.

실업급여의 지급액　급여액수는 시간이 지나면서 변한다. 시간이 지나면서 줄어드는 금액만큼 실업자의 일할 의지가 자극될 것이라는 생각에서 보통 이렇게 한다. 마찬가지로 급여를 점차적으로 줄임으로써 과거 (직장인으로서의) 생활수준과 추후 (장기적) 실업자로서의 생활수준 사이의 격차를 줄이는 효과가 있다.

　실업보험에 의해 제공되는 급여액이 고정금액일 수도 있지만, 대개 종전 임금에 대한 비율로 계산된다. 반면, 실업부조의 경우에는 대개 종전 소득과 무관하다. 만약 실업보험 급여액이 종전 임금에 따라 좌우되고 당사자가 기준기간에 유급노동을 전혀 하지 않았다면, 평균임금이나 최저임금을 고려하거나 고정금액으로 급여를 정할 수 있다. 또, 실업자의 피부양자를 고려하여 실업급여액을 결정할 수도 있다. 주로 실업부조의 경우 이렇게 한다. 실업급여를 지급하기 전에 자산조사를 하는 경우도 있다. 하지만 실업보험의 경우에 흔한 일은 아니다.

은퇴연령에 도달한 실업자　은퇴연령이 된 실업자는 대개 실업급여 수급자격을 잃는다. 하지만 1970년대 이래 여러 나라에서 노령연금과 실업보험 사이에 복합적인 제도를 발전시켜 왔다. 이 혼합체—온갖 종류의 이름이 붙여진—는 나이가 많지만 아직 연금을 받을 수는 없는 실업자(또는 실업자가 될 가능성이 있거나 단순히 고령인 근로자)가 노동시장에서 떠나게 하는 것을 목적으로 한다. 청년을 위한 취업기회를 만드는 동시에 노령연금으로 부드럽게 전환되도록 하려는 목적도 있다. 이렇게 받는 급여는 대개 통상의 실업급여보다 높다.

노동계약 종료에 따른 보상과 실업급여의 조정 노동관계가 종료됨에 따라 실업상태가 되었지만 노동계약 종료에 대한 보상금을 받는 경우에는 일반적으로 실업급여 수급자격이 바로 주어지지 않는다. 그 보상금이 며칠, 몇 주, 몇 달 동안 지속되는 임금지급의 형식일 수 있다. 하지만 어떤 경우에는 그 해고나 노동계약 파기에 대한 보상금액이 처음에 다른 방식으로 정해져서 이것을 사후적으로 며칠, 몇 주 또는 몇 달로 나누어 (가상의) 지속되는 임금지급으로 만들어야 할 때가 있다. (실제 또는 가상의) 임금지급 지속기간이 종료된 후에야 실업급여가 제공된다.

　마지막으로, 일부 국가의 사회보장체계에서는 실업급여가 아니지만 이와 상당히 근접한 급여를 제공하기도 한다. 여기서는 두 가지만 언급하겠다. 군복무를 위해 일을 그만둔 사람에게 사회보장에서 소득대체를 제공하는 특별한 경우가 있다. 둘째, 예컨대 기상악화로 추수를 못해서 수입이 없는 경우 사회보장에서 보험을 제공하는 경우가 가끔 있다. 후자의 제도는 농민을 위한 일종의 실업보험에 가깝다. 이런 제도 자체가 실제로 흔치 않다기보다는, 이런 제도가 사회보장 안으로 통합되는 경우가 드물다고 할 수 있다.

제 11 장

가족부양

아동급여의 목적　자녀가 생기면 특수한 지출이 발생한다. 아동급여 (child benefit)의 우선적인 목적은 부모, 더 일반적으로는 자녀양육비용을 감당하는 사람들에게 그 지출의 일부를 보상하려는 것이다. 아동급여를 통하여 자녀가 없는 사람과 자녀가 있는 사람 사이에 어느 정도 균형을 찾아줄 수 있어야 한다. 즉, 이런 종류의 급여 목적은 어느 정도 수평적 재분배를 이루려는 것이다. 아동급여는 본래 출산장려라는 분명한 목적을 (또한) 가지고 있었다. 하지만 지금은 출산율과 아동급여수준이 무관하다는 사실이 여러 연구에서 입증되었다. 인구학적 상황이 좋지 않을 때 아동급여체계를 향상시켜야 한다며 정치적으로 연결지어 말하는 일이 아직도 가끔 있기는 하지만 말이다.

아동급여가 자녀양육비의 일부를 담당하겠다는 목적을 가지고 있으면서도, 대체로 자녀에게 지출되는 실제비용을 급여의 기준으로 삼지 않는 점은 참 특이하다. 의료보험과 같은 다른 비용보상적 성격의 급여와 비교해 보면 아동급여의 특징이 더욱 두드러진다. 일부 학자들이 비용과 상관없는 비용보상급여 체계를 유지하지 말고 현실적으로 분명하게 정의되는 자녀 관련 비용(예를 들어, 유아원 비용)을 (부분적으로) 상환하는 체계로 이행하자고 주장하는 이유일 것이다. 사실, 이렇게 바뀌면 아동급여의 다른 목적, 즉 양쪽 부모에게 노동시장에 대한 실질적인 접근성을 향상시키는 데에도 도움이 될 것이다.

아동급여의 지급방법　일반적으로 아동급여제도에는 정기적 급여와 비정기적 급여가 있다.

정기적 아동급여의 액수는 보통 수급자격을 제공하는 자녀의 수와 연령에 따라 달라진다. 예컨대, 첫아이에 대해서는 (전액) 아동급여 수급자격이 없을 수도 있다. 일부 아동급여는 자녀가 한 명 늘어날 때마다 상대적으로 줄어들 수도 있다. 아동급여 액수가 자녀의 연령에 따라 변동하는 이유는, 나이가 많은 자녀일수록 비용이 더 많이 드는 문제를 적절하게 해결하기 위해서이다. 출산율이 너무 높아 문제가 되는 극소수의 국가에서는 둘째 또는 세째 자녀까지만 아동급여를 지급하기도 한다.

정기적 아동급여는 대개 자녀가 일정한 연령이 될 때까지 지급된다. 그 연령은 일률적으로 정해지겠지만(예를 들어, 성년연령), 대개 자녀의 교육연수에 따라 달라진다. 학생의 경우 연령제한이 20대 후반까지도 연장될 수 있다. 일정한 상한연령을 정해 놓을 수 있는지 여부는 일반적으로 재정부담을 덜어 줄 수 있는 장학금체계가 있는지 여부에 따라 달라질 것이다. 달리 말하면, 이미 성년이 된 자녀나 혹은 심지어 이미 독립생활을 꾸리고 있는 '자녀'에게 정기적 아동급여를 계속 지급함으로써, 사실상 일종의 장학금체계 같은 기능을 담당하게 된다. 또 (심각한) 정신장애를 이유로 '자녀'가 수급자격을 갖는 상한 연령이 연장될 수 있다. 이 경우에는 사망할 때까지 아동급여 수급자격이 열려 있을 수 있다. 일부 국가에서는 이런 사람을 민법상 단독으로 법률 행위를 할 수 있는 능력이 없는 미성년자와 똑같이 취급하기도 한다.

때때로 (장애나 질병이 있는) 자녀를 돌보아야 하는 특별한 요구 때문에 정기적 아동급여가 지급되기도 한다. 부모의 특수한 상황을 고려해 급여액이 높아질 수도 있다. 예를 들어 연금수급자나 노동능력상실자나 실업자의 자녀를 위해 지급되는 급여가 일하는 부모의 비슷한 자녀를 위해 지급되는 급여보다 더 높은 경우가 있다.

목돈으로 지급되는 급여는 주로 출산과 연결되어 있다. 출산이 반복되면 관련 비용이 점점 줄어든다고 보아, 목돈급여의 액수도 출산이 반복되면서 마찬가지로 줄어드는 경우가 많다. 예외적으로 출산급여로 목돈을 지급하는 대신 신생아를 위한 물품세트(목돈보다 더 높은 가격의 세트)를 지급하기도 한다.

아동급여는 아동에게 지급하기보다는 대개 아동을 실제로 돌보는 사람이나 해당 비용을 부담하는 사람에게 지급된다. 대부분 아동과 가족관계가 있도록 요구된다. 하지만 가족관계는 대개 상당히 넓게 해석된다. 그래도 위탁아동의 경우에 여전히 문제가 제기될 수 있다.

아동급여제도에서 입양은 대개 그 가정에서 출생한 것과 똑같이 취급된다.

지금까지 아동급여를 비용보장급여의 측면에서만 계속 다루었다. 하지만 일부 사회보장제도에는 다른 장치도 있다. 예컨대 어린 자녀를 양육하기 위해 일정 기간 (특정한 연령까지, 예를 들어 3세나 입학연령까지) 집에서 지내는 부모나, 질병이나 장애가 있어 특별히 돌봄이 필요한 자녀를 보살피기 위하여 일시적 혹은 장기적으로 집에 있는 부모에게 소득대체를 지급한다. 이런 경우 지급되는 소득대체급여는 종전 직업소득에 연동될 수도 있고 고정금액으로 정해질 수도 있다. 이 급여를 받기 위한 조건이 아버지에게 불리하게 차별적인 국가도 있다. 그런데 소득대체급여는 대개 그 양육자 부모가 더 이상 직업활동을 하지 않는다는 조건에서만 지급된다. 이 말은 사실상 이 제도가 여성의 노동시장 재진입에 방해가 될 수 있음을 의미한다.

가족급여의 종류와 방법 지금까지 언급한 아동급여와 기타 자녀양육 관련 수당은 모두 가족수당이나, 좀 더 정확히 말하면 가족급여(family benefit)라는, 다른 종류의 급여까지 포괄하는 더 큰 범주의 일부가 된다. 가족급여 중에는 예를 들어 아픈 가족구성원을 위한 재택요양비용이나, 함께 살면서 부모나 다른 가족구성원을 돌보는 데 드는 비용에 관한 급여가 있다. 이러한 가족급여는 모두, 수급자가 일정한 가족유대를 가지고 있는 사람을 그 사람의 집에서 돌볼 것을 요구하는 것이 보통이다.

가족급여가 돌봄의 대상이 되는 사람의 권리라고(예를 들어 아동 본인의 자격이라고) 인정할 수도 있고, 실제로 특수한 비용을 지출하거나 돌봄을 제공하는 사람의 권리라고 인정할 수도 있다. 그러므로 수급자격을 제공하는 사람(예를 들어, 아동 등), 수급자격을 개설하는 사람(예를 들어, 사회보험가입 근로자), 결과적으로 급여를 받는 적법한 청구인(예를 들어, 아동의 어머니)을 구분할 수 있다.

가족급여는 대부분 모든 거주민을 포괄하고 국가예산으로 재원을 마련하는 방식의 사회보장제도를 통해서 보장된다. 만일 그렇지 않고 직장을 기반으로 제도가 마련된다면 그 나라에 사는 각각의 아동을 위해 수급자격을 개설하는 사람을 찾아야 할 것이고, 이로 인해 상황이 복잡해질 것이 분명하다. 자녀를 아동급여제도에 등록시키지 못하는 사람이 있으면, 사회부조의 형태로 동등한 수당이 지급될 수 있겠지만, 이 경우 자산조사가 먼저 실시된다. 그뿐만 아니라, 수급자격을 개설할 수 있는 사람이 여러 명인 경우에는 이 중 누가 그 자격을 가질지 우선순위를 정해야 한다. 한 아동을 위하여 수급자격을 개설할 수 있는 여러 후보자들이 서로 다른 급여를 제공하는 별개의 아동급여제도에 속해 있는 경우 이것은 아주 중요한 문제가 된다(예를 들어 아버지는 임금소득자이고 어머니는 자영업자인데, 자영업자를 위한 제도에서 지급하는 급여가 더 낮을 수 있다).

가족급여에서 자산조사를 요구할 수도 있고 그렇지 않을 수도 있다. 가족급여가 모든 사람에게 지급되어야 하는지, 아니면—자산조사를 거쳐—실제로 급여가 필요하다고 인정되는 사람에게만 지급되어야 하는지의 문제는, 가족급여가 보편적이어야 하는지 선별적이어야 하는지의 쟁점으로 문헌에서 논의되고 있다.

가족급여는 수급자의 과세소득에 포함될 수도 있고 그렇지 않을 수도 있다. 이런 맥락에서, 일부 국가에서는 자녀양육 관련 비용을 보상하는 방법으로 자녀가 있는 사람에게 (개인 소득세 등에서) 온갖 종류의 세금혜택을 (동시에) 제공한다는 점을 기억해 두는 것이 유용하다.

또 연금제도에서는 자녀나 다른 가족구성원을 돌보기 위해 집에서 지내는 기간을 가상의 연금가입기간으로 산입할 수 있도록 하여, 이런 방식으로 가족구성원과 특히 자녀를 돌보는 활동을 연금제도를 통해 보상할 수도 있다(제7장 참조).

제12장

보건의료

보건의료의 요구 사람들은 병에 걸리기도 하고 사고를 당하기도 하며, 선천적인 병이나 장애가 있을 수도 있다. 이런 모든 경우에 최대한 건강한 상태를 회복하고, 유지하고, 고통을 줄이며, 어떤 방식으로든 건강상 장애를 조금 더 견딜 수 있는 상태로 만들기 위하여 보건의료 (health care)가 필요하다.

건강권의 두 가지 측면 따라서 보건의료를 언제든지 쉽게 이용할 수 있는 것이 매우 중요하다. 즉, 의사, 간호사, 물리치료사, 약사 등의 숙련된 현직 보건의료인과 병원, 잘 작동하는 필수의료기기 등이 갖추어져 있어야 한다. 마찬가지로 보건의료를 제공하는 서비스와 기관, 의학적 치료, 의약품을 실제로 필요한 누구나 효과적으로 이용할 수 있도록 하는 것이 중요하다. 국제법상에서 많은 국가가 비준한 건강에 대한 권리에는 다음 두 가지 측면이 있다. 한 가지는 가능한 모든 것을 보건의료에서 이용가능하게 하는 것이고, 다른 한 가지는 이용가능한 모든 것을 누구나 평등한 조건에서 이용할 수 있게 하는 것이다. 전자의 측면은 사회보장의 범위를 벗어나는 경우가 많지만, 후자의 측면은 사회보장에서 항상 다루어지는 문제이다.

보건의료의 제공 주체　어떤 국가에서는 정부/사회보장체계에서 직접 보건의료를 제공한다. 이 경우, 의사, 준의료종사자, 약사는 모두 정부나 사회보장의 서비스에 소속된다. 약과 의료보조용품은 공기업에서 제조되고 병원과 의료기기는 정부/사회보장체계 소유의 재산이 된다. 여기에서는 사회보장체계와 정부를 구분하지 않았는데, 이것이 지나친 단순화라는 점은 분명 사실이다.

스펙트럼의 반대편 끝에는 민간을 기반으로 조성된 보건의료가 있다. 이 경우, 의사, 준의료종사자, 약사가 모두 자영업자로서 각각의 해당 전문조직(종종 '의사 기업'으로 지칭되는)에서 전문적인 능력을 공인받은 사람들이다. 약과 의료보조용품은 민간기업에서 제조된다. 병원도, 자영업자인 의사들이 운영하든 의료인을 임금소득자로 고용하든, 민간소유가 된다. 이때의 소유주는 영리기업이거나 혹은 꽤 많은 경우 비영리기관이다.

하지만 대부분의 나라에서 이 두 가지 체계가 혼재되어 있다. 보건의료가 어떤 측면에서는 공적 성격을 가지지만 다른 측면에서는 사적 성격을 가진다.

보건의료 선택의 자유　환자가 의료용품 또는 의료서비스를 구할 때 실제로 누구를 찾아가고 어떤 기관을 찾아가는지 하는 선택은 완전히 자유로울 수도 있고, 일정한 제한이 있을 수도 있고, 선택의 여지가 전혀 없을 수도 있다. 민간중심으로 보건의료제도를 조성하는 것이 선택의 자유를 가장 잘 보장하는 대안이 될 수 있다. 하지만 국가보건서비스에서도 사회보장체계에 소속되어 서비스를 제공하는 의사, 준의료종사자 등 가운데 자유롭게 선택할 수 있다. 선택의 자유를 어떤 지역 내에서만 가능하도록 제한하거나, 해당 사회적 의료보험기관과 계약을 맺은 보건의료 제공자에 한정하도록 제한할 수도 있다. 나아가, 의사를 일정 기간 한 번만 바꿀 수 있게 하는 등 의사를 교체할 가능성을 법으로 제한할 수도 있다.

보건의료의 내용　사회적 보건의료체계(social health care system)에서는 대개 일반의, 전문의, 치과의, 조산사, 간호사, 기타 준의료종사자의 서비스를 제공한다. 병원치료—이 중 입원실비용의 전부 또는 일부를 환자가 부담할 수 있음—와 일정 형태의 재택치료도 포함한다. 온갖 종류의 보철물(예를 들어 안경)과 실험실검사도 포함할 수 있다. 요양지 이용까지 보장하는 국가도 있다. 때로는 보건의료 제공자를 방문하거나 의료기관을 오가는 데 드는 비용도 사회적 보건의료체계에서 지출한다. 다른 별도의 사회보장제도가 없을 때, 비의료적 요양서비스도 사회적 보건의료체계에서 보장하는 경우가 있다.

　어떤 용품과 서비스가 사회보장체계를 통해 보장될 수 있는지는 각 사회적 보건의료체계에 따라 다르다. 이를 직접적으로, 즉 해당 서비스와 용품을 나열하는 방식으로 지정하기도 하고, 혹은 간접적으로 어떤 의료용품과 의료서비스를 승인할 권한, 즉 '처방' 권한이 있는 사람들을 지정하기도 한다. 후자의 경우에는 주로 그 사회보장체계의 서비스에 소속되어 있거나 협력관계에 있는 의사가 그 역할을 담당한다. 어떤 용품과 서비스는 사회적 보건의료체계에서 보장되지 않는다고 명시하기도 한다. 예를 들어, 의료적으로 불필요하다고 여겨지는 교정수술에서 그런 경우가 많다. 의료용품과 의료서비스를 요청할 수 있으려면 해당 보건의료 제공자가 사회보장체계에 고용 또는 계약되어 있거나, 아니면 사회보장체계가 다른 방식으로 그 보건의료 제공자의 행위에 대해 지불하는 경우라야 하는 것도 당연할 것이다. 많은 사회적 의료체계에서는 원칙적으로 보장범위에 포함되지 않는 의료용품과 의료서비스라도 관장기구가 비용을 부담할 가능성을 열어 두고 있다. 이런 경우는 개별적으로 참작할 만한 사유가 있을 때만 인정된다. 예를 들면 아주 희귀한 질병에 걸린 경우 등이다. 필요하다면 해외에 있는 경우에도 인정된다. 혹은, 신치료법이나 신약이 보장범위에 포함되기까지 시간이 지연되고 있을 때에도 하나의 해결책이 될 수 있다.

일반적으로, 사회보장이 서비스나 용품을 요청하는 사람 누구나 보건의료를 이용할 수 있도록 보장하지는 않는다. 실제로 그 치료, 서비스, 용품이 필요한 사람들에게만 이러한 보장을 한다. 이를 위해, 사회보장법에서는 청구된 용품 또는 서비스를 정확히 평가하기 위한 제도를 갖는다. 대체로 이러한 평가는 의사가 일차적으로 담당한다. 의사가 '처방'하지 않은 의료용품이나 의료서비스, 다시 말해서 평가절차에서 인정되지 않은 용품이나 서비스는―정가로―민간시장에서 구입할 수 있을 것이다. 그러나 공중보건을 위하여 민간판매의 가능성도 제한될 수 있다.

의료보험의 적용범위와 불평등 문제　건강, 그리고 이와 짝을 이루는 보건의료가 점차 기본적인 인권으로 인식되고 있기 때문에, 사회보장체계에 의한 보장은 보편적이거나 보편적이기를 지향해야 한다. 실무적으로 볼 때 이 말은, 직장기반 사회보험에서 보건의료를 보장하는 경우, 대개 적용대상을 넓게 확장해서 인구의 거의 대부분이 사회보험에 강제적으로 가입하거나 자발적으로 가입할 수 있도록 하여 실제로 보장범위에 포함되도록 해 왔다는 뜻이다. 그래도 의료보험의 보장범위에 포함되지 못한 사람들은 많은 돈을 들여 민간보험에 가입하거나, 보건의료비용을 자기 돈으로 지불하거나, 전체 사회부조의 한 부분인 의료부조에 의존하게 된다.

　　모든 거주민을 포함하는 하나의 국가적 보건의료체계가 아니라 여러 사회보험체계와 의료부조를 통해서 보건의료가 제공되는 경우 불평등의 문제가 발생할 수 있다. 어떤 보건의료체계에 소속되었느냐에 따라 실제로 이용가능한 보건의료가 달라지는 것은 일반적으로 용납될 수 없다. 따라서 필수적인 용품과 서비스는 의료부조제도에서도 마찬가지로 이용가능하게 되어 있으며, 이것이 직장기반 사회보험에서 제공되는 용품과 서비스에 비해서도 양과 질에서 차이가 없다.

유사한 보건의료가 제공된다고 하더라도 '이용자 부담금' 등 어떤 면에서는 여러 체계 간에 차이가 있을 수 있다. 하지만 이러한 이용자 기여금이 보건의료 공급의 평등을 방해한다고만은 할 수 없다. 최소한, 환자가 그 금액을 부담하더라도 여전히 해당 의료용품 또는 의료서비스를 재정적으로 감당할—그리고 분배받을—수 있을 때라면 그렇다. 이용자 부담금의 문제는 뒤에서 더 자세히 살펴볼 것이다.

보건의료의 제공방법 이렇게 이용가능하게 공급되는 보건의료를 실제로 사람들이 이용하게 되기까지 여러 형태의 절차가 있을 수 있다.

앞서 언급했듯이, 사회보장체계 자체에서 의사, 준의료종사자, 병원, 의약품과 같은 요소를 제공하는 경우가 있다. 이 경우 보건의료체계의 보장범위에 들어있는 누구나 이러한 용품이나 서비스를 제공받을 수 있다. 보건의료체계의 보장범위가 모든 거주민일 때 이를 대개 '국가보건서비스(national health service)'체계라고 부른다.

반면, 사회보장에서 서비스와 용품을 제공하지 못하는 경우도 있다. 이때에는 자영 보건의료 제공자, 자영 약사나 준의료종사자, (공공 또는 민간이 운영하는) 독립 보건의료기관 등을 찾아야 한다. 사회보장체계에서는 대개 보건의료 제공자, 독립 보건의료기관 등을 대변하는 여러 전문조직과 단체협약을 체결하려고 노력할 것이다. 이런 협약에서 요금표나 서비스비용 지불방식 등에 대하여 합의한다. 이런 협약이 없을 때에는 정부가 보건의료 보급에 필요한 규칙을 제정한다. 어떤 경우이든 입법자는 항상 이러한 측면에서, 예컨대 공공이익을 보호하기 위하여, 개입할 권한을 가진다. 입법자가 단체협약에 일반적 구속력을 부여할 때도 있다. 그렇게 함으로써 계약관계에 있는 조직에 소속되지 않은 구성원에 대해서도 협약이 구속력을 갖도록 만든다. 단체협약에 따라 운영하는 것이 아니라 개별적인 보건의료 제공자, 보건의료기관 등과 계약을 맺어 이를 통해 운영하는 경우도 있을 수 있다. 이런 단체계약과 개별계약을 맺으면서 다른 보건의료 제공자나 보험기관이 유사한 계약관계를 맺지 못하게 할 수도 있지만, 그런 일은 거의 없다. 아예 법에서 사회보험기관/보건의료 제공자가, 유사한 계약을 맺기를 원하는 다른 보건의료 제공자/사회보험기관과 그 계약을 맺도록 강제하기도 한다.

하나의 동일한 사회적 보건의료체계에서 위 두 가지 유형의 요소를 모두 담고 있을 수 있다. 어떤 의료용품과 의료서비스는 사회보장체계에서 자체적으로 제공하고, 다른 것에 대해서는 제3자가 제공하는 것이다. 따라서 이런 혼합체계에서는 사회보장체계에서 근무하는 의사 외에 '공인된' 민간의사와 계약을 맺는다.

보건의료 제공자에 대한 보수 사회보장체계에서 근무하는 보건의료 제공자는 대부분 임금의 형태로 보수를 받는다. 사회보장체계에 편입된 민간 보건의료 제공자는 대개 실적, 즉 각 의료행위에 따라 보수를 받는다. 정액이나 행위별 보수가 아니라, 등록된 환자 일인당 수수료를 기준으로 지불할 수도 있다. 보건의료기관에 대해서는 정액이나 행위별 혹은 환자당 지불방식으로 보수를 지불할 수 있다. 이런 측면에서 보수를 계산하는 데 '병상' 수가 고려되곤 한다. 일부 사회보장체계에서는 보건의료 제공자에게 질병당 보수를 지불하는 방식을 채택하여 지금까지 수년 동안 실시하여 왔다. 처음에 진단된 건강상 장애를 기준으로 정액을 지급하는 것이다. 그러면 해당 보건의료 제공자는 적절하다고 생각하는 모든 의료적 서비스와 용품을 제공한다. 이때 보건의료 제공자가 받는 금액은 자신이 선택한 치료법과는 무관하다.

위에서 언급한 여러 지급방식을 다양하게 결합하여 보건의료 제공자에게 보수를 지불할 수도 있다.

현물지급 방식과 환급 방식 사회적 보건의료체계는 보장범위에 속하는 사람에게, 사회보장체계에 의하여 또는 사회보장체계를 위하여, 보건의료를 제공한다. 이런 사람은 의료용품 또는 의료서비스를 현물지급으로 받을 수 있는데, '국가보건서비스'체계의 경우 일반적으로 그러하다. 서비스나 용품에 대한 요금을 개인이 모두 지불하도록 하고 사회보장체계에서 지출분을 환급해 주기로 보증하는 경우도 있다. 이러한 환급체계는 의료 과소비를 막으려는 목적이 있다. 나중에 그 비용을 사회보장체계에서 돌려받더라도 소비자가 의료용품 또는 의료서비스의 실제 비용을 인식하게 하는 효과가 있기 때문이다. 하지만 그 용품이나 서비스가 아주 비싼 경우에는 이 환급체계가 심각한 문제를 가진다. 단지 그 비용을 먼저 낼 수 없다는 이유로 서비스나 용품을 청구할 수 없게 된다면 이는 용납될 수 없다. 이런 경우, 환급체계를 적용하는 대신 '제3자 지불(third party payment)'체계로 대체하여, 사회보장체계가 소비자와 보건의료 제공자 사이에서 제3자가 되어 직접 비용을 지불하게 된다.

이용자 부담금 현물지급체계나 환급체계나 두 경우 모두 소위 '이용자 부담금'이 있을 수 있다. 비용의 일부(예를 들어 서비스 또는 용품마다 일정한 비용이나 일정한 비율)를 반드시 수급자가 부담하도록 하는 것이다. 본인 기여금은 의료 과소비를 막는 일종의 브레이크로 작용하도록 되어 있다. 그렇다고 어떤 서비스나 용품이 필요한 사람이 재정적 부담을 감당할 자산이 없다는 이유로 그 의료서비스나 의료용품 없이 견디게끔 만드려는 의도는 아니다. 따라서 대부분의 제도에서는 (가난한) 연금수급자나, 특별한 질병을 가진 사람이나, 일반 저소득자에 대해서 이용자 부담금을 낮추거나 지불하지 않도록 면제해 준다. 일정 기간에(예를 들어 1년) 한 사람(또는 가족)이 지불하는 '이용자 부담금'의 총금액에 상한선을 두는 경우가 점점 더 많아지고 있다. 이 최대금액이 일정 금액으로 고정될 수도 있고, 그 사람(또는 가족)의 소득이나 자산에 맞추어 정해지기도 한다.

대기기간 사회적 보건의료체계에서는 대개 기간 제한 없이 보건의료를 보장한다. 하지만 때때로 일정 대기기간(예를 들어 6개월) 동안에는 가입은 하되 수급자격을 갖지 못하게 하고, 대기기간이 지난 후에야 실제로 의료혜택을 받을 수 있도록 하기도 한다.

개인의 책임과 수급권   본인 책임으로 인하여 보건의료가 필요해진 경우라도, 일반적으로 보건의료 수급자격에 부정적인 영향이 미치지 않는다. 단, 의료서비스를 청구할 요량으로 의도적으로 잘못을 저지르는 경우라면 물론 다르겠지만, 이런 상황이 아주 예외적일 것임은 분명하다.

산업재해 보상급여   대부분의 국가에서 산업재해나 직업병의 피해자에 대하여 더 유리하게 사회적 보건의료제도의 혜택을 준다. 예를 들어 이 경우 대체로 이용자 부담금을 면제받는다. 반면, 혜택이 더 많기는 하지만 고용주에 의하여 보건의료서비스가 지정되든지 자유로운 이용이 가능한지 정해지는 제약이 있을 수 있다.

보건의료비의 증가 요인   오늘날 모든 국가에서 보건의료비가 크게 증가하고 있으며, 이것이 사회적 보건의료체계에 심각한 압박이 되고 있다. 그 저변의 이유는 상당히 복잡하다. 예를 들어, 인구의 고령화문제와 함께 보건의료의 요구가 증가한다. 또한, 보건의료분야의 기술이 점점 더 발달하면서 그 비용도 더욱 높아졌다. 일부 의료용품과 의료서비스의 공급이 크게 증가하였고, 이 자체로 이미 해당 서비스와 용품에 대한 수요가 증가되었다. 그 외에도 아주 많은 원인이 보건의료비용의 상승을 설명할 수 있다.

보건의료 과소비에 대한 대응책   보건의료의 '과소비'라고 지칭되는 문제에 대해 정부와 사회보장체계에서는 다음과 같은 방법으로 대응해 왔다. 공급을 제한하거나—예를 들어 의과대학에 정원제를 도입하거나, 약사 자격증을 만들거나, 대기자명단을 만들 수 있게 하는 등—혹은 의료용품 및 의료서비스 가운데 일부를 보장에서 제외시키는 (제외된 부분은 민간보험으로 해결하도록 하는) 방법 등이다. 다른 조치들은 관련 행위자들, 즉 환자, 보건의료 제공자, 사회적 보건의료보험기관의 책임을 가중시키는 것들이다.

환자나 보건의료소비자의 측면에서 볼 때, 앞에서 언급한 이용자 부담금의 도입이나 현물지급체계를 환급체계로 바꾸는 것 외에도, '면책액'의 도입에 대해 언급할 필요가 있다. 여기서 면책액이란 사회적 보건의료체계의 '본인위험금액'을 의미한다. 해마다 (혹은 다른 일정한 기간) 일정 금액을 초과하지 않는 범위 내에서 보건의료에 드는 모든 비용을 보장대상자가 부담해야 한다. 이 금액의 초과분에 대해서는 그 금액이 얼마든 통상의 보장이 적용된다.

보건의료 제공자의 책임을 강화하기 위해 '예산의 허용(budget leeway)'이나 '한정된 예산(closed budget)' 범위 내에서 운영하기 시작한 나라도 있다. 해당 회계연도에 예산에서 정해진 금액이 모두 소진되면, 나머지 급여비용은 더 이상 사회보장체계에서 부담하지 않는다. 이로 인해 보장된 용품과 서비스를 제공하지 않게 된다면 이런 방식의 비용관리조치는 논리적으로 보나 사회적으로 보나 상당히 문제가 있게 된다. 이것보다 다소 완화된 형태의 '한정된 예산'에서는 한 해에 초과된 예산만큼 다음 해의 예산을 삭감하는 식으로 해결한다. 각 질병별로 책정된 금액에 맞추어 서비스나 용품의 재원을 확보하도록 함으로써 보건의료 제공자가 조금 더 책임감을 가지게 될 수도 있다. 이런 방식에서 보건의료 제공자는 치료상의 자유를 행사하되 자신의 선택 때문에 발생하는 비용을 고려하게 된다. 치료상의 자유가 더 직접적으로 제한될 수도 있다. 어떤 질병에 대해서는 사전에 중앙에서 결정된 (덜 비싼) 서비스와 용품만이 사회보장에서 지불될 수 있다.

(경쟁관계에 있는) 사회적 보건의료보험기관 각각의 피보험자 인구의 특성을 (연령, 성별 등 피보험자의 특징에 따라) 파악하여 다음해에 예측되는 지출을 미리 산정함으로써, 이 기관들의 책임이 증가하게 되는 효과가 있다. 만일 예측된 지출이 다음 해 실제로 발생하는 지출에 비해 높거나 낮으면, 보건의료보험기관이 그 차이에 대해서 (전체적으로 또는 부분적으로) 유리하게 혹은 불리하게 재정적 책임을 지게 된다.

의료용품과 의료서비스의 양과 질에 대한 감독을 더욱 강화할 수도 있다. 예를 들어, 의료 프로파일을 사용함으로써 비리를 더 쉽게 찾아낼 수 있을 것이다. 마찬가지로, 동급의 의약품 가운데 가장 저렴한 것을 선택하여 비용관리를 향상시킬 수도 있다.

민간의료보험　의료용품 및 의료서비스를 제공하는 민간공급자와 민간의 비영리 보험업자나 상업적 보험업자가 사회적 보건의료체계와 아주 다양한 방식으로 연계될 수 있다.

민간의료보험이 보충적 역할을 담당할 수 있다. 어떤 의료용품이나 의료서비스가 사회보장 패키지에 묵시적으로 또는 명시적으로 포함되어 있지 않을 때, 일반적으로 여기에 자유시장경제가 개입될 여지가 있다. 이때 해당 서비스와 물품을 구입할 수도 있지만, 보충적 민간의료보험에서 보장할 수도 있다.

민간의료보험이 또한 잔여적 역할을 담당할 수 있다. 즉, 통상 환자 본인이 부담해야 하는 이용자 부담금을 민간의료보험에서 보장할 수 있다. 당연히 이런 식의 잔여보험은 이용자 부담금을 부과하는 취지에 반할 것이다.

때때로 특별한 집단의 사람들(예를 들어, 일부 자영업자 집단이나 일정 금액 이상의 고소득자)은 일반 보건의료체계에서 보장받지 못하거나, 보장받을 수 있더라도 그 일반체계에서 탈퇴할 수 있다. 대신 대체의료보험(substitutive health care insurance)을 선택할 수 있다. 여기서 말하는 대체보험이란 민간의료보험인 경우도 있지만, 이 역시 사회적 의료보험기관(을 포함하거나 사회적 의료보험기관만)에 의해 제공되는 경우가 꽤 있다.

사회적 보건의료체계, 예를 들어 국가보건의료체계의 수급자가 그 체계에서 제공받는 의료용품 및 의료서비스가 만족스럽지 않다고 느낄 경우 민간의료보험에도 병렬적으로 가입하기로 결정할 수 있다. 사실상 이들은 이미 사회적 의료체계에서 보장하기로 약속한 보건의료를 시장에서 구입하게 된다. 사회적 의료체계에 대기자 명단이 존재하거나 사회적 의료체계에서 제공되는 서비스나 용품의 질이 만족스럽지 않을 때 병렬적인 민간의료보험이 종종 등장하게 된다.

제13장

의존

새로운 사회적 위험 – 의존 20세기 후반과 21세기 전반의 현실을 볼 때 독립성의 상실(loss of autonomy)이나 의존(dependency)의 문제를 다루는 포괄적인 접근이 필요하다는 점에 대해 이미 앞에서 동의하였다고 해도, 이 새로운 사회적 위험도, 이를 보장하는 방법도, 모두 복잡하다는 사실을 인식해야 한다. 이 사회적 위험을 정확히 정의하려고 여러 방법이 시도되었고, 새롭게 발견된 이 사회문제에 어떻게 사회적으로 대처할 것인지 다양한 방안이 탐색되었다. 접근방식이 다양한 탓에 혼란스러울 수가 있다. 그러므로 여기서는 이 사안에 관하여 몇 가지 측면을 설명하되, 다른 방식의 접근도 여전히 가능하다는 점을 밝혀 두려고 한다.

만일 의존이란 것이 독립성의 상실, 스스로 돌보는 능력의 완전한 또는 부분적 상실, 혹은 침대에서 일어나고 눕기, 몸을 씻기, 음식을 준비하고 먹기, 집안 청소하기 등과 같은 일상생활 수행능력의 완전한 또는 부분적 상실을 의미한다면, 당장 다음과 같은 두 가지 질문에 직면하게 된다.

- 과거에도 개인적 자율성(personal autonomy)을 잃은 사람들이 있었다. 그렇다면 왜 이제 와서 새로운 사회적 위험이라고 규정할 필요가 있는가?
- 의존이 문제가 될 수는 있다. 하지만 이것이 우리가 이미 아는 것과는 다른, 하나의 구별되는 사회적 위험이라고 말할 필요가 있는가?

다른 말로 하면, '왜 의존을 하나의 새롭고 구별되는 사회적 위험으로 여기는가?' 하는 질문이다. 이 질문에 대답하고 그리하여 의존이라는 사회적 위험이 정말 의미하는 바가 무엇인지 밝히기 위하여 이 사회적 위험을 인식하게 된 기원을 살펴보는 것이 좋다.

장애인의 통합과 고령자의 증가   우리 사회에는 언제나 장애인이 있었고, 혼자 생활할 수 없는 아주 고령인 사람이 늘 있었다. 하지만 지난 수년 동안 일어난 커다란 변화를 간과할 수가 없다.

장애인을 고립시키거나, 집에 가둬 두거나, 폐쇄된 시설에서 정상적 삶과 멀어지게 해서는 안 되며, 사회에 완전히 통합되도록 해야 한다는 것을 이제 우리 모두 잘 이해하고 있다. 사실, 장애인을 배제한다는 것은 무엇보다도 이들이 사회 안에서 살아가기에 사회가 부적합함을 가리킨다는 것도 알게 되었다. 게다가 아주 고령의 노인들이 지난 몇 년 동안 크게 증가했다. 우리와 함께 살고 있는 소위 4세대가 더 많아졌으며, 이런 기대수명의 연장은 분명 기뻐할 일이다. 최고령 노인들이 실제로 의료적 처치가 별로 필요하지 않을 정도로 매우 건강할 수도 있지만, 그렇다고 40대나 60대 때처럼 자기 자신과 가족을 돌볼 수는 없을 것이다.

가족의 변화 우리가 생활하는 방식도 상당히 변했다. 다세대 가정이 사라지고 있다. 이동성이 증가해서, 가족구성원과 친구들조차도 멀리 떨어져서 살게 되었다. 한부모와 1인가구가 더 이상 이례적인 모습이 아니다. 이런 모든 변화들로 인해, 일시적으로 혹은 장기적으로 독립성을 상실했을 때 주변 가족구성원들이 이를 감당하던 전통적인 대응방식이 점차 사라지고 있다. 동시에 장애인을 사회구성원으로 통합시키기 위해 더 많은 돌봄(care)이 필요하고, 최고령 인구가 증가하면서 더 많은 돌봄이 필요하게 된 시점에 살고 있다.

따라서 의존상태의 사람이 가족이나 비공식적 관계(이웃, 친구)로부터 도움을 받지 못한다면, 시장에서 돌봄을 구입해야 한다. 하지만 대부분의 국가에서 노동비용이 높다. 돌봄제공자가 특별한 전문적 요건을 만족해야 하는 경우에는 더욱 그렇다.

시설 입소 이 모든 상황으로 인해 가족이나 비공식적 돌봄제공자가 없는 경우, 의존상태의 사람은 필요한 돌봄을 받도록 빨리 시설에 입소하여야 한다. 약간의 도움만 있다면 (본인이 원하는 대로) 자기 집에 머물 수 있었을 텐데도 말이다. 요양기관에 입소하는 것 역시 상당히 비싸기 때문에, 연금수급자라도 과거에는 퇴직연금으로 충분했던 것이 갑자기 부족해지면서 생애 처음으로 사회부조를 요청해야 될 수도 있다. 아마도 공공사회원조기관이 직접적 또는 간접적으로 시설입소 비용을 감당하게 될 수 있다.

의존상태의 또 다른 해결책 – 의료화 혼자서는 완전히 자기 자신을 돌볼 수 없을 때 자주 사용되는 또 다른 탈출구는 그 문제를 의료화하는 것이다. 따라서 요양시설이 아니라 보건의료기관에 입원하려고 한다. 결과적인 비용은 더 크다. 병원에 있으면서 병을 얻기 때문이다.

제도적 대응의 필요성과 방법 그러므로 의존 현상을 새로운 사회적 위험으로 보아야 한다는 결론에 이른다. 돌보는 방식이 질적, 양적으로 변했기 때문만이 아니라, 전통적인 사회적 위험 범주(보건의료, 장애급여, 노령연금) 아래에서 의존이라는 위험에 대처하는 것이 부분적인 해결책일 뿐이고, 전통적인 사회보장제도에 부적절하게 부담을 지우며, 이로 인해 의존 현상을 다루는 포괄적인 정책을 만들 수 없게 되기 때문이다. 하나의 구별되는 사회적 위험과 별도의 사회보호제도를 구성하는 것 외에 다른 대안이 없다.

만일 우리가 의존을 하나의 구별되는 사회적 위험이라고 규정하려고 한다면, 방법은 많다.

우선 돌봄의 요구를 접근하는 방식에서 시작한다. 어떤 문헌에서는 꼭 의존에 대해서만 돌봄과 그에 대응하는 돌봄제도가 요구되는 것이 아니라고 본다. 여기서 돌봄은 완전한 인간발달을 위해 요구되는 모든 도움이라고 이해된다. 돌봄제도(care scheme)와 의존제도(dependency scheme)는 구별되고, 의존제도는 돌봄제도의 하위범주일 뿐이다. 이런 구분에 대해 생각이 어떠하든 현재 거의 모든 나라의 사회보장법에서 돌봄제도가 완전한 또는 부분적 의존을 보장하는 범위를 벗어나지 않는다고 본다.

돌봄의 요구를 당사자 혼자 해결하도록 떠넘기지 않기 위해, 의존에 대한 아주 새로운 사회보험을 만들 수도 있지만, 다음과 같은 다른 방법으로 해결할 수도 있다.

- 필요한 서비스와 물품을 제공하는 공적 돌봄체계를 만든다.
- 의존에 대한 보장을 사회보험영역에 편입하는 것이 아니라 사회부조범위 속에 포함시킨다.
- 의존의 위험을 민간에서 보장하도록 지원하고 이를 강제할 수도 있다.

의존수준 보장의 범위는 혼자 생활하는 것이 완전히 불가능한 사람들에게 국한될 수도 있지만, 대부분의 돌봄제도에서는 여러 의존수준을 구분하게 된다. 스스로 잠자리에서 일어나고 누우며 씻을 수는 있으나 음식을 하거나 청소를 할 수 없다면 분명히 돌봄이 필요한 상태라고 볼 수 있다. 각 의존수준에 따라 적절한 급여가 있을 것이다.

급여방법　의존제도, 특히 의존사회보험(dependency social insurance)에서의 급여에는 현물급여와 현금급여가 있을 수 있다. 대부분 현물급여가 선호될 것이다. 현금급여는 대개 현물급여의 시장가치에 미치는 못하는 수준이기 때문이다.

현물급여에는 집을 청소하는 청소원 파견, 음식배달, 주당 몇 시간의 전문 요양사나 간호사의 도움 등이 있을 것이다. 현물급여의 보장은 일부 국가의 보건의료서비스에서와 같이 환급체계의 형태로 마련될 수 있다. 하지만 아직까지 이런 방법은 이례적인 경우라고 보인다.

현금급여는 정기적으로 돈을 지급하는 것으로, 의존의 수준에 따라 금액이 달라지는 경우가 많을 것이다. 급여를 제공하기 위해 자산조사를 할 수도 있고 그렇지 않을 수도 있다.

돌봄을 받기 위해 요양시설로 옮겨져야 한다면, 시설에서 지내는데 발생하는 비용을 의존제도에서 전부 또는 부분적으로 감당할 것이다. 하지만 일반적으로 의존제도에서는 사람들이 자기 집에서 최대한 오랫동안 지내게 하려 노력할 것이다.

배우자, 부모, 자녀, 친구 등 비공식적 돌봄제공자가 돌봄을 제공하는 경우, 현금급여가 적절할 것이다. 비공식적 돌봄제공자가 연금보험에 납입하는 사회보장 기여금의 지불 등, 다른 급여도 이 사회제도 속에 있을 수 있다. 비공식적 돌봄제공자가 정기적으로 휴가를 갖거나 개인적 일을 처리할 수 있도록 대체인력서비스 또는 대체인력급여(replacement service or benefit)를 만들 수 있다.

보장 대상　의존의 보장은 모든 거주민에게 제공될 수도 있고(보편적 제도), 혹은 직업활동을 하고 있는 사람만으로 제한할 수도 있다(직장기반 제도). 일정 연령 이상의 사람들(예를 들어, 80세 이상의 사람들)이나 연금수급자만으로 제한할 수도 있다. 요양시설에서 지내는 사람들은 제외할 수도 있지만, 돌봄제도에서 특별히 시설에 있는 사람들의 요구에 대응하기도 한다.

의존제도의 특징　구체적인 의존제도들이 모두 공유하는 특징은 아마도 단면적이지 않다는 사실일 것이다. 의존의 수준이 다양하므로 급여가 다양할 수밖에 없으며, 시설에 사는 사람과 집에서 사는 사람들 사이의 근본적인 차이 때문에도 다양한 급여가 필요하게 된다. 의존제도가 한 가지 유형의 급여만을 제공하는 것은 아주 드문 일일 것이다. 의존상태에 있는 사람의 요구를 충족하기 위해서는 수많은 종류의 급여가 필요하다.

제 1 4 장

빈곤

인간다운 생활의 보장   '빈곤(need)'이라는 제목 아래, 이 장에서는 부조에 관한 사회보장제도, 즉 인간다운 생활을 영위하기 위한 수단을 제공하는 것을 주요 목적으로 하는 제도에 대해 살펴본다.

사회부조에 대한 책임   많은 나라에서, 빈곤한 사람들에게 부조를 제공하는 것이 전적으로 사회보장체계라는 공적 연대가 담당해야 하는 과업은 아니라고 여겨진다. 가족, 교회, 사회단체, 각종 자선단체들도 연대를 구축하는 데 중요한 역할을 담당한다고 본다. 그렇다 해도 빈곤한 사람들에게 부조를 제공하는 것이 수 세기 동안 정부의 의무 가운데 하나라고 여겨진 것도 사실이다. 이런 목적으로 초창기에는 공공당국에서 공공자선사무소를 만들어 빈곤에 처한 사람들을 돌보도록 하였다. 빈곤한 사람들은 이런 기관에 서비스를 요청할 수 있었지만 제공되는 급여에 대하여 주관적 권리(즉, 수급자격)를 갖지는 못했다. 오늘날 대부분의 국가에서는 사회부조에 대한 권리가 반사적 권리(reflective right) 또는 정당한 이익(legitimate interest)이라고 보는 것에서 주관적 권리(subjective right) 또는 법적 자격(legal entitlement)이라고 여기는 것으로 바뀌고 있으며, 이로써 조건을 만족하는 사람 누구나 사회부조수급에 대한 권리를 갖도록 하고 있다. 그럼에도 불구하고 대부분의 국가에서 사회부조 행정기관이 결정을 내릴 때 일부 재량권한을 가지며 특히 비정기적 사회부조의 경우에 그러하다.

일반적 부조제도와 범주적 부조제도 부조제도는 일반적 제도와 범주적 제도로 다시 구분할 수 있다(제4장 참조). 일반적 또는 보편적 부조는 빈곤의 원인이 무엇이든 모든 사람이 인간다운 생활을 영위하기에 필요한 수단을 가지도록 보장하는 것을 목표로 한다. 범주적 부조제도는 특정한 사회적 위험에 당면한 집단에게 존엄한 생활을 하기 위해 필요한 수단을 제공하는 것을 목표로 한다. 실업자나 빈곤노인에게 제공되는 부조가 가장 흔한 범주적 부조제도이다. (항상 이렇게 지칭되는 것은 아니지만) 특별부조제도(special assistance scheme)라고 하여, (일부 범주의) 신체장애인과 정신장애인에게 필요한 생계수단을 보장해 주려고 마련된 부조제도도 있다. 이런 부조제도에서는 때때로 생존수준의 급여만 제공하는 것이 아니라 장애인이 사회에서 원활하게 기능하는 것과 관련된 특별비용(의 일부)을 충당하도록 정해진 급여[이를 '통합급여(integration benefit)'라고 부를 수 있다]도 제공한다.

최저임금이 없는 국가에서는 전일제로 고용된 사람일지라도 본인과 피부양자가 인간다운 생활을 할 수 있을 만큼 충분한 소득을 얻지 못할 수 있다. 이런 국가에서는 생계수준에 이르도록 임금을 보충해 주는 범주적 부조제도를 종종 볼 수 있다. 가족수당 가운데 자산조사를 실시하는 일부 형태가 사회부조와 아주 비슷해질 수 있다.

자산조사의 대상　부조제도의 적용대상 범위에 대해서는 이미 제4장에서 다루었다. 원칙적으로 부조를 청구하려면 빈곤해야 한다. 이 때문에 모든 사회부조제도에 자산조사가 있다. 자산조사의 종류와 시행, 이와 관련된 문제점에 대해서는 이미 제6장에서 다루었다. 사회부조에서 자산조사의 범위는 대개 모든 것을 포괄한다. 그러므로 직업소득에만 국한되지 않는다. 그리고 가구의 다른 구성원들에게까지 관심을 가지는 경우가 대부분이어서, 이들의 자산 역시 고려되는 경우가 많다. 제도에 따라서는 자산조사를 하면서 특정 자산을 제외하기도 한다. 예를 들어, 실업자인 사회부조 수급자가 일을 통해 스스로 돈을 벌도록 촉진하고자 유급노동에서 얻는 소득의 일부를 자산조사에서 제외시킬 수 있다. 그리고 재산이나 자본이 고려되는 것이 보통일 때 규모가 크지 않은 주택에 대해서는 예컨대 고려대상에서 제외하는 경우도 많다. 마찬가지로 소액저축에 대하여 저축 목적에 상관없이 고려대상에서 제외하고, 민간 자선기부금품의 경우에도 마찬가지로 제외할 때가 종종 있다.

부조수급을 위한 요건 빈곤하다고 하여 부조수급자격을 갖기에 충분한 것은 아니다. 조금이라도 소득을 얻으려고 본인이 노력하기를 기대할 수 있다. 또, 예컨대 본인이 받게 되어 있는 만기된 부채를 회수하여야 하고 이를 위해 필요하다면 법적 소송도 해야 한다. 부조수급 자격자가 부조를 신청하기 전에 먼저 그를 부양할 책임이 있는 사람들에게 호소하기를 기대하는 경우도 종종 있다. 아니면 수급자격자의 과업을 용이하게 만들기도 한다. 사회부조 행정기관이 부조를 제공한 후, 나중에 대위로 부양명령을 받은 사람에게 비용을 회수할 수 있다. 이때 부조기관의 선택은 자유롭다. 즉, 부조지급분에 대한 회수권을 발동할지 여부를 부조기관이 선택할 수 있다. 하지만 오늘날에는 법에 의해 부조기관이 환수조치를 해야만 하는 경우가 늘고 있다. 부양책임이나 부양명령은 배우자 사이, 부모와 그 자녀 사이에서나 역으로 존재할 수 있고, 또한—어떤 나라에서는—다른 가족구성원들 사이, 예를 들어 형제와 자매 사이에 또는 조부모에 대해서도 존재할 수 있다. 부양명령은 법적으로 부과되거나 혹은 이혼이나 별거 시 합의에 의하여 형성되기도 한다. 이렇게 정해진 부양명령에 따라 한 파트너가 다른 파트너나 피부양자녀를 부양할 부담을 지게 된다.

부조수급 자격자에게 최우선적으로 기대하는 것은 당연히, 노동을 통하여 인간다운 생활을 영위하는 것이다. 실업제도에서 그러했던 것과 같이(제10장 참조), 부조수급자격이 있으면서 근로능력이 있다고 여겨지는 사람은 (그러므로 일반적으로 노령급여나 노동능력상실급여에 대해 수급권이 있지 않은 경우) 반드시 일할 준비가 되어 있고 일할 의지가 있어야 한다. 이때 적당한 일자리라는 개념은 실업제도에서 설명한 것과는 대개 차이가 있을 것이다. 한편으로는 부조수급 자격자가 직업적 유연성이 더 크다고 보면서도, 다른 한편으로는 어떤 특정 직업이 어떤 구체적인 상황에서 부적당한 이유를 더 폭넓게 인정하기도 한다. 일할 의지에 대한 요건이 자산조사의 효과로 다소 무의미해지는 것처럼 보일 때도 있다. 그렇기 때문에 자산조사의 결과 유급노동으로 번 소득을 모두 다 빼앗는 일을 피하는 것이 최선이다. 돈을 벌 기회가 있을 때 근로능력이 있는 부조수급 자격자가 그 모든 기회를 활용하기를 기대하는 것만이 근로의지 요건의 전부는 아니다. 많은 국가에서 공공복지를 위한 활동참여가 의무로 명시되어 있기도 하다. 어떤 국가에서는 이런 의무가 부조수급에 따라 기대되는 일종의 답례로 이해된다[이런 측면에서 '복지를 위한 노동(work for welfare)'의 줄임말로 '노동연계복지(work-fare)'를 말하곤 한다]. 사회부조체계에서 행정기관과 사회부조 수급자가 각각의 권리와 의무를 소위 '계약'으로 정하도록 하는 일이 증가하고 있다. 이러한 소위 '통합계약(integration contract)'에서 당사자는—부조에 대한 교환으로—본인이 사회로 재통합할 수 있는 소정의 계획을 제시한다. 유급노동(의 탐색과 수행의무)에 관한 계획일 때가 많지만, 교육이나 직업훈련 혹은 알코올이나 약물의 해독과 재활프로그램 참여에 대한 것일 수도 있다.

사회부조급여의 비수급 대체로 부조급여의 신청은 수급자격자가 해야 한다. 하지만 사회부조법에서 이 원칙을 저버리고, 이에 따라 사회부조 행정기관이 자체적으로 부조를 제공하는 경우가 종종 있다. 개인의 권리에 대해 무지한 경우가 있고, 이는 특히 사회에서 가장 취약한 집단에게서 두드러진다. 부조가 필요하다는 것이 낙인이 되는 일도 여전히 자주 있다. 또 부조신청을 함으로써 결과적으로 (대개 마찬가지로 빈곤상태에 있는) 가족구성원에게 부양의 책임을 지울지도 모르는 요청을 하는 것에 대해 사람들은 주저하는 감정을 갖는다. 이 모든 것들을 보면 왜 많은 사회부조제도에서 실제로 부조를 받는 사람들의 수가 부조수급자격이 있는 사람들의 수보다 눈에 띄게 적은지 설명이 된다. 다른 말로 하면, 사회부조급여에는 소위 '비수급(non-take-up)'이라는 커다란 문제가 있다.

부조의 지급형태 사회부조는 현물 또는 현금으로 지급될 수 있다. 석탄이나 음식의 배급과 같은 현물사회부조는 낙인효과가 더 크다고 느낄 수 있다. 반면 현금부조의 단점은 현금은 온갖 종류의 목적에 사용될 수 있고 따라서 알코올이나 약물의 구입에도 사용될 수 있다는 것이다. 때때로 사회부조가 현물부조와 현금부조 사이의 중간형태를 취하기도 한다. 일정한 가치를 가진 바우처를 지급하여 일정한 물품의 구입에만 사용할 수 있도록 하는 방법이다.

부조는 정기적 부조급여 또는 비정기적 부조급여의 형태를 가질 수 있다.

일반적으로 정기적 부조는 수급자격자가 인간다운 생활을 하기 위해 필요한 수단을 보장기간에 계속 제공하는 것을 목적으로 한다.

부조급여의 금액이 통상 결정되는 방식에 대해서는 제6장에서 이미 다루었다.

비정기적 부조는 일반적으로 특수한 지출에 대한 보상을 하는 것을 목적으로 한다. 예를 들어, 세탁기 같은 소비제품이 고장났을 때 이를 교체하기 위한 지출에 대하여 보상이 있을 수 있다. 비정기적 부조의 경우 사회부조 행정기구가 일반적으로 더 자유롭게 정책형성을 할 수 있다. 비정기적 부조는 현금이나 현물이나 바우처로 제공될 수 있고 저금리나 무이자로 대부를 하거나 보증을 하는 방식으로 제공될 수도 있다. 또한 예컨대 예산상담과 같은 형태로 비물질적인 부조를 제공할 수도 있다.

범주적 부조제도 속에서 아주 구체적인 형태로 비정기적 부조가 마련되기도 한다. 예를 들어 장애인의 집이나 차 수리가 필요할 때 장애인에 대한 부조에서 이를 지원할 수 있다.

의료부조(medical assistance)는 상당히 특별한 형태의 비정기적 사회부조에 해당한다. 이를 통해 다른 방법으로 보건의료를 보장받지 못하는 사람도 보건의료를 보장받게 한다.

사회부조 지급의 제한　사회부조 행정기관이 지급한 부조를 환수할 가능성 또는 때로는 그래야 할 의무, 즉 제3자에게서 받아 벌충하는 것에 대해서는 제17장에서 더 살펴볼 것이다. 사회부조 내에서 발생하는 제재의 특수성에 대해서도 역시 제17장에서 자세하게 살펴볼 것이다. 여기에서는, 부조의 목적이 인간다운 생활을 하기에 필요한 수단

을 제공하기 위한 것이기 때문에, 완전히, 부분적으로, 혹은 일시적일
지라도 부조나 생계수준의 급여에 대한 지급을 거절하는 것으로 인간
의 존엄성 자체에 대한 존중이 저해될 수 있다는 점을 이야기하는 것
으로 충분할 것이다. 그러므로 이러한 제재를 부과할 때는 최상의 주의
를 기울여야 하고 반드시 먼저 모든 관련된 이익을 고려하여야 한다.

제15장

사회보장의 재원조달

사회보장급여에 필요한 재원조달 사회보장급여를 제공하려면 상당히 많은 돈이 들므로, 이에 필요한 기금을 마련해야 한다. 현대 사회보장법에서는 일반적으로 수급자격자에게 사회적 급여에 대한 현실적, 주관적 권리를 부여한다. 따라서 예상되는 지출을 감당할 적절한 방안이 마련되어 있어야 한다. 아주 예외적으로 일정 금액을 정하여 소진 시까지 지출하는 경우가 있다. 이처럼 주어진 재정범위 안에서 지출하는 경우는 일부 보건의료제도와 일부 사회부조제도에서 가끔 볼 수 있다 [한정예산방식(closed budget approach)이라고 한다]. 적립식으로 사회보험제도를 운영하면서 '확정기여' 방식을 선택하여 재정문제를 해결하는 경우도 있다(이 장의 후반부 참조). 이 방식에서는 본인이 자신을 위해 낸 (고정) 기여금에 따라 나중에 받을 급여액이 산정된다(이 금액은 최종 투자수익과 손실에 따라 증액 또는 감액된다). 하지만 일반적으로는 미래의 급여청구에 대응할 만큼 예산액이 충분해야 한다. 따라서 미래의 지출을 예측해야 한다. 예산을 너무 낙관적으로 잡았음을 나중에서야 알게 되면 적자가 발생한다. 반대로 지나치게 많은 자금을 투입하여 다 사용되지 않았다면 흑자가 발생하게 된다.

재원조달의 형태　사회보장체계나 사회보장제도의 예산은 정치적 당국이나 소속 관장기구에서 결정한다. 사회보장체계 또는 제도의 재정 가운데 정부예산이 차지하는 비중이 높을수록, 이에 대한 정부의 통제권한은 더욱 커진다.

　　사회보장체계를 위한 재원을 마련하는 가장 통상적인 방법은 당사자의 기여금과 정부보조금에 의존하는 것이다. 때때로 다른 '대안적' 형태의 재원조달 방식이 추가되기도 한다. 예를 들어 온갖 종류의 '목적세'와 '부담금', 사회보장기관의 자본이득과 사회보장체계의 서비스를 이용하는 사람들의 이용자 부담금 등이 있다. 이러한 형태의 재원조달에 대해 지금부터 자세히 살펴보겠다.

고용주 기여금과 근로자 기여금　대부분의 사회보장체계에서는 보험가입자와 그 고용주가 납입하는 기여금이 적어도 재원의 일부를 차지한다.

　　근로자를 대상으로 하는 사회보험체계에서는 고용주 기여금과 근로자 기여금을 구분한다. 고용주 기여금은 대개 근로자의 명목임금(즉, 근로자의 기여금과 소득세를 공제하기 전의 임금)에 대한 비율로 계산된다. 근로자의 기여금 역시 명목임금을 기준으로 계산된다. 기여율

(또는 기여액)은 정부나 해당 사회보험제도를 관장하는 사회보장기관에서 정한다. 기여금 산정의 기초가 되는 임금은 실제 임금이거나 소득상한선에 해당하는 임금일 수 있다(이 상한선을 초과하는 부분에 대해서는 기여금을 징수하지 않게 된다). 기여금 기초액에 상한 또는 한계를 두는 경우는 근로자 기여금에만 있거나, 고용주 기여금에만 있거나, 이 두 가지 모두에 있을 수 있다. 대체로 근로자 기여금은 고용주 기여금의 수준을 넘지 않는다. 고용주 기여금만 징수될 수도 있다. 앞에서 언급한 것과 같이, 기여금은 대부분 기여금 기초액에 대한 비율로 계산된다. 결과적으로, 사회보장 기여금은 비례적(proportional)이거나—상한 때문에—때로 역진적(degressive)이기까지 하다. 소득세가 대부분의 국가에서 누진적(progressive) 성격을 가지는 것과 상반된다.

비교적 관점에서 볼 때, 근로자 기여금과 고용주 기여금을 분할하는 것이 점차 무의미해지고 있다. 근로자와 고용주 사이에 일정한 힘의 균형과 일정한 노동시장 상황이 존재하는 조건에서, 기여금의 분할이 명목임금의 결정과 함께 이루어지기 때문이다. 명목임금의 액수가 사회보장과 관계없이 결정되는 것이 아니라 명목임금에 부과되는 향후의 세금과 기여금을 고려한 함수 속에서 결정된다. 일단 양측 기여금 사이의 관계가 확정되고 또 명목임금이 결정된 후에는 근로자와 고용주 사이의 기여금 분할 조정이 문제될 것이 분명하다. 결국 중요한 것은, 고용주가 근로자와 일을 시작하기 위해 지불해야 하는 금액과 근로자가 모든 기여금을 제한 다음 받는 금액 사이의 폭이다. 소위 '웨지

(wedge)'라고 불리는 이 차이를 사회보장의 원가라고 할 수 있다.

자영업자의 기여금　자영업자를 위한 사회보장체계는 임금에서 기여금을 징수하는 방식으로 운영될 수 없음이 당연하다. 이때 기여금 기초액은 실제(real) 직업소득이나, 추정된(estimated) 직업소득이나, 신고된(declared) 직업소득으로 측정된다. 일부 국가에서는 세무서와 공조하여 소득과 징수되어야 할 기여금을 결정하기도 한다. 조세당국이 정한 직업소득을 기준으로 계산을 시작하는 경우에, 최종적으로 기여금 부담을 평가하기까지 상당히 시간이 걸릴 수 있다. 자영업을 시작한지 얼마 안 된 초기에는 임시 기여금체계를 사용하는 경우가 대부분이다. 자영업자에 대한 기여금 징수권한을 가진 사회보장기관이 실제소득을 알아내기가 어렵거나 아예 불가능할 경우에는, 추정소득이나 자영업자 본인이 신고한 소득을 사용한다. 신고소득의 경우에는 당연히 자영업자가 (받게 되는 급여의 측면에서) 넉넉하게 직업소득을 신고할 만한 가치가 있게끔 만들어야 한다. 자영업자를 위한 사회보장체계에서 기여금 기초액의 최대한계를 정하거나 심지어 최소기여금을 정하는 경우가 있다. 이렇게 최소기여금을 정하게 되면, 실제소득, 추정소득 혹은 신고소득을 고려하는 정상적 계산법을 적용하였을 때 그 정도로 높은 기여금이 책정되지 않더라도 이 금액을 부담하여야 한다. 이런 종류의 기여금이 필요한 때는, 제공되는 급여 가운데 기여금이 징수되는 직업소득과 완전히 연동하지 않는 급여가 있을 때이다. 기여금을 제대로 납부하지 않고서 이런 급여(예를 들어, 보건의료)를 누리는 것을 방지하기 위해 이와 같은 최소기여금이 필요하다. 이런 종류의 남용에 대한 대안적 해결책으로, 직업소득이 일정 수준에 이르지 않은 자영업자를 적용대상에서 제외하는 방법이 있다. 한편 이런 방식은 자영업자로 제한할 필요는 없고, 소득수준이 매우 낮은 근로자에 대해서도 역시 적용될 수 있다.

근로자, 자영업자, 공무원의 비교　대부분의 국가에서 고용에서의 기여금 부담과 자영업에서의 기여금 부담을 같게 만드는 경향이 있다. 실제로 이 말은 보장혜택이 동일할 때 자영업자의 기여금이 근로자보다 높아야 함을 의미한다. 자영업자의 기여금을 고용주와 근로자의 기여금을 합한 수준으로 높일 필요는 없고 가능하지 않을 수도 있지만 말이다. 때때로 공무원에 대해서는 낮은 기여금을 요구한다. 이것은 공무원 직업소득의 특별한 성격으로 정당화될 수 있다. 공무원에 대한 사회적 혜택이 좋은 것, 대표적으로는 연금액이 높은 것은 민간부문에 종사하는 사람들에 비하여 임금이 상대적으로 낮은 것에 대한 일종의 보상이라고 여겨지고 있다. 하지만 요즘에는 공무원의 기여금 수준을 근로자와 비슷한 수준으로 만드는 경향이 팽배하다.

인구 전체를 적용대상으로 하는 경우　사회보험체계가 인구 전체를 적용대상으로 하는 경우, 기여금은 일반적으로 전체 과세소득에서 징수되거나 직업소득에서 징수되며, 징수한계액이 있을 수 있다.

고용주로서 정부의 기여금 부담 고용주로서의 정부는 많은 경우 특별한 고용주 기여금을 '납부'한다. 잘 보이지 않는 이런 '기여금'은 정부-고용주의 지출로, 사회보험급여를 제공하는 재정적 부담이 된다. 분명, 정부보조금이라는 또 하나의 거대한 사회보장체계의 수입원과 근접해지는 대목이다.

기여금의 징수방법 기여금을 납부할 때 납부의무가 있는 당사자가 기여금을 징수하는 사회보장기관에 직접 납부하는 방법이 있을 수 있다. 하지만 대개는 실무적으로 더 효과적인 징수방법들이 사용되고 있다. 예를 들어 근로자의 임금에서 고용주가 근로자 기여금을 공제하고, 그 위에 고용주의 기여금을 합하여 사회보장체계에 납부한다. 따라서 고용주는 자신의 기여금 납부에 대해서만 책임이 있는 것이 아니라 그가 고용한 근로자의 기여금 납부에 대해서도 책임이 있다. 과세소득이나 직업소득을 기여금 기초액으로 하는 경우(또는 이 기초액 산정을 위한 출발점으로 사용하는 경우), 기여금을 개인소득세와 함께 징수하는 경우가 많다. 조세당국이 이렇게 징수하더라도 기여금이 전체 국고로 합쳐지지 않고 별도의 사회보장기금으로 이전되므로, 세무서를 통해 징수한다고 하여 기여금이 세금으로 보이지는 않는다.

　고용주의 기여금은 사업 수입/이윤에서 공제가능한 지출로 처리된다. 일반적으로 고용주의 기여금에 대해 근로자로부터 세금을 징수하지는 않지만, 대부분 나중에 받게 되는 급여에 세금이 징수된다. 근로자의 기여금은 근로자의 소득의 일부로 과세가 될 수도 있고 그렇지 않을 수도 있다. 일반적으로는 세금이 징수되지 않고 나중에 급여에 대해 세금을 내게 된다. 일정한 사회적 위험을 보장하는 부문별 보험, 기업보험, 개별 민간보험에 납부하는 기여금은 전액 세금징수가 될 수도 있고 그렇지 않을 수도 있다. 경우에 따라 모든 장래의 급여에 대한 비과세(non-taxation), 즉 과세대상으로 만드는 결과가 주로 생긴다. 이런 보충적 사회보장제도가 매력적으로 보일지에 관해서라면, 분명 이런 기여금과 급여를 운용하는 국가재정체계의 영향이 매우 크다.

어떤 나라에서는 고용주가 자신의 기여금과 (심지어) 근로자의 기여금을 사회보장체계에 제대로 전달하려는 의사가 없거나 그럴 만한 능력이 없기도 한 문제에 부딪히기도 한다. 게다가 제재를 하는 것이 오히려 역효과가 있을 수 있다. 가장 대표적으로 그 결과로 고용주가 파산하거나 근로자를 해고하게 될 수 있다.

제도에 따른 기여금의 설정 어떤 나라에서는 기여금(과 정부보조금)이 사회보장제도별로 (그리고 심지어 사회적 위험별로) 고정되어 있다. 기여금(혹은 보조금)이 사회보장체계 전체에서 고정되어 있는 나라도 있다. 재원조달방식을 각기 별도로 마련하면 여러 급여제도 사이에 재정적 정통성을 더 잘 보장하겠지만, 한 제도에서는 흑자가 나고 다른 제도에서는 적자가 발생하는 결과가 발생할 수도 있다. 이런 상황에서 하나의 제도에서 다른 제도로 자산을 옮겨 문제를 해결할 수 있지만, 꽤 많은 경우 이런 식의 이동을 법이나 정부에서 금지할 뿐만 아니라 흑자를 본 기관의 입장에서 달가워하지도 않는다. 결국 어떤 사회보험기구는 시장에 자본을 투자하는 반면 다른 기관은 시장가격으로 대부를 받아야 하는 모순적인 상황이 발생한다. 이 모든 것으로부터 금융 기관만이 이득을 얻는다는 것은 말할 필요도 없다.

부가가치 등에 대한 기여금의 부과　기여금에 관한 부분을 정리하면서, 지금까지 언급한 모든 기여금은 사회보험 가입자와 그의 직업소득과 항상 연관되어 있음을 지적하고자 한다. 사람에게(만) 부담을 지우지 말고 기계도 기여금을 내도록 해야 한다는 여러 차례의 제안이 있었다. 그렇게 함으로써 고용을 장려하면서도 노동집약적 부문의 부담을 덜 수 있게 된다. 하지만 지금까지 기계나 가치의 상승 또는 기업의 매출에 대하여 기여금을 징수하는 것과 관련해 별다른 발전은 없었다.

사회보장급여에 대한 기여금의 부과　기여금은 대부분 당사자의 유급노동으로부터의 소득에 기초하여 징수된다는 것을 이미 살펴보았다. 즉, 전통적으로 사회보장급여 자체에 대해서는 기여금이 징수되지 않았다. 하지만 이런 점에서 빠르게 변화하고 있다. 사회보장급여에 대하여 (노동인구의 직업소득에 대해 징수하는 수준과 같거나 더 우대하는 비율로) 사회보장 기여금을 징수하는 일이 점점 더 많아지고 있다. 논리적으로 볼 때 이런 방식은 소득대체에만 적용되고 비용보상적인 급여에 적용되지 않아야 옳다. 징수된 기여금이 해당 급여를 지급한 사회보장제도에 재정을 마련해 주는 역할을 할 수도 있겠지만 그런 경우는 거의 없다. 대신 대부분 다른 사회보험제도들의 재정에 투입된다.

말하자면 노령연금에 대해 징수된 기여금이 보건의료보장의 재원조 달에 사용될 수 있다. 덧붙여, 아동수당이 비용보장급여임에도 불구하 고 과세소득에 포함되는 경우가 일부 있음을 언급하고자 한다.

정부에 의한 재원조달 사회보험제도나 사회부조제도 모두 정부가 재 원을 마련할 수 있다. 사회보험제도의 경우 정부가 상당히 큰 부분을 담당하는 경우가 많고, 사회부조제도의 경우 대체로 전액을 담당한다. 데모그란트의 경우에는 일반적으로 정부가 전액 재원을 마련한다. 이 를 위해 전체 정부 자산 중 일부가 사회보장제도에 사용되도록 배당 된다. 사회보장체계의 모든 경비를 정부보조금 형태의 재원조달로 해 결할 수 있다. 사회보장 경비의 고정 비율에 해당하는 금액을 정부보 조금으로 충당하고, 추가적인 부분에 대해서는 기여금으로 조달할 수 도 있다. 특별히 정부에 책임이 있다고 볼 수 있는 사람이나 상황(예를 들어 장애인이나 전쟁피해자)과 관련한 어떤 경비를 정부보조금에서 받 을 수 있다. 마지막으로 사회보장제도의 재정이 적자일 때 정부보조금 이 사용될 수도 있다.

　사회보장제도에 대한 정부보조금이 항상 하나의 동일한 정부로 부터 오는 것은 아니다. 사회부조제도의 경우, 비용의 일부는 그 특정 제도를 집행해야 하는 지방정부가 담당하고 나머지는 지역정부나 중 앙정부에서 재원조달을 하는 경우가 많다.

　정부가 어떤 사회보장제도 또는 체계에 보조금을 지급해야 할 법 적 의무가 있지 않더라도, 법령에 근거하여 그 사회보험체계에서 가능한 청구권을 보증하는 경우가 종종 있다. 정부는 이렇게 청구권을 보장하고, 이에 따라 사회보장체계 중 어느 하나가 파산하는 경우 재정적 책임을 떠안게 된다.

대안적 형태의 재원조달 기여금과 정부보조금 외에 또 다른 '대안적' 형태의 재원조달 형태가 많은 사회보장체계에 존재한다.

먼저, 소위 '사회적 수익(social revenue)'이라고 하는 온갖 종류의 '목적세' 또는 '부담금'(이렇게 부르지 않고 '기여금'이라고 부르기도 한다)이 있다. 이러한 수익은 정부의 일반 수입에 합쳐지는 것이 아니라 사회보장제도로 할당된다. 이를 위해 사람들은 목적세가 부과되는 대상과, 그 수익으로부터 이득을 얻는 사회보장제도가 보호하는 사회적 위험을 서로 연결시키려 시도하기도 하였다. 아주 좋은 예로, 담배 제품에 대한 '부담금'으로부터 얻어진 수익이 의료보험으로 전달된다. 기업의 지출로 징수된 기여금이 기업임원 사회보험제도의 재원으로 사용되는 예도 있다. 하지만 이런 '사회적 수익'이 사회보장체계 또는 제도의 재원으로서 가지는 중요성은 대개 제한적이라고 할 수 있다.

사회보장기관이 스스로 창출하는 수익이 있을 수 있고, 시간이 지나면서 자체 자본을 발전시킬 수도 있다. 이 경우 이런 자산으로부터 얻는 수익을 사회보장재원으로 사용할 수 있다. 사회보장제도에서 정말로 투자활동을 한다면, 자본이익을 엄밀하게 투자하는 것이 재원조달에서 가장 중요해진다.

이용자 부담금 일단 어떤 개인이 어느 사회보장제도의 적용대상에 속하게 되면(그리고 그에 해당하는 기여금을 납부하면), 그 제도가 보장하는 사회적 위험이 나타났을 때 언제나 보장받을 수 있으며 해당하는 급여를 청구할 수 있다고 확신할 수 있다. 급여는 일반적으로 무료로 제공되지만, 급여를 받으면서 이용자 부담금을 내야 하는 경우도 있다. 이용자 부담금은 주로 보건의료와 돌봄과 관련하여 발생한다. 예를 들어, 병원에 가거나 의약품을 구입할 때 보험가입자는 여전히 그 비용의 일부를 부담한다. 이런 이용자 부담금을 통해 당사자의 책임감이 높아지고 이렇게 하여 의료적 소비에 제동을 걸 수 있다. 이용자 부담금은 비용에 대한 비율로 계산되거나 고정금액으로 적용되는데, 이것이 사회보장체계의 재원 확보에 도움이 될 수 있다. 적어도 그렇게 주장된다. 하지만 이용자 부담금을 다른 각도에서 보는 것이 상당히 설득력 있다고 생각한다. 이용자 부담금은 사실 사회적 위험에 대한 보장을 제한하는 기제일 뿐이다. 사회보장체계에 재원을 조달하는 수단이 아니라 단순히 그 사회보장체계가 지불하는 비용을 제한하는 한 가지 방법에 지나지 않는다.

고용주 부담 근로자에게 지급되는 사회보장급여의 일부에 대해 고용주 개인이 비용을 부담해야 할 때가 있다. 이때 고용주는 이 위험에 대해 다시 보험을 들거나 혹은 그 위험을 고용주 본인이 감당할 수 있다. 후자의 경우 사회보험제도의 '재원조달'은, 사회적 급여를 지급할 일이 발생할 때 이를 보장하기 위해 회계장부상 필수적 예비금을 준비하는 것에 지나지 않게 된다. 이런 회계장부상 예비금은 기업이 만드는 연금제도에서도 볼 수 있다. 고용주가 본인에게 발생한 직업상 사고에 대하여 스스로 보장기관이 되기도 하고, 근로자가 받는 질병급여의 비용을 부담해야 하는 경우도 있다.

부과방식과 적립방식 대부분의 사회보험제도와 사회부조제도는 '부과(pay-as-you-go/repartition)'방식으로 운영된다. 현재의 기여금이 현재의 사회보장급여에 지출된다는 것이다. 아주 소수의, 법정 강제적 사회보험제도만이 '적립(funded/capitalization)'방식으로 운영된다. 이때 현재의 기여금은 기여금을 납부한 그 사람에게 (아마도) 나중에 지급할 급여비용으로 사용된다. 적립방식의 범주 안에서, 확정기여(defined contribution)로 운영하는 제도와 확정급여(defined benefit)로 운영하는 제도를 구분할 수 있다. 적립방식은 장기급여에 가장 적합하며 단기급여나 비용보상급여에는 적합하지 않다. 보충적 민간보험은 대부분 적립방식으로 운영된다. 일부 국가에서는 서로 다른 사회적 목적(주택 구입, 보건의료비용 보장, 생명보험 등)에 사용될 수 있는 개인 예금계좌를 만드는 것까지 사회보장에서 포괄한다. 이런 개인 예금계좌는 극단적인 형태의 적립이라고 볼 수 있다.

적립방식으로부터 부과방식으로 전환하는 데에는 특별한 문제가 발생하지 않는다. 하지만 부과방식에서 적립방식을 이동하는 경우는 훨씬 더 어렵다. 이렇게 전환한 뒤에 생산활동을 하는 인구가 현재 연금수급자(부과방식 아래에서 살았던 사람들)와 향후 본인들의 연금을 모두 지불해야 할 수 있기 때문이다. 따라서 이런 식의 부과에서 적립으로의 전환은, 현존하는 부과체계가 (실제로 또는 사실상) 파산한 후, 또 (해외 또는 국제) 차관으로써 과거 부과체계에서 취득된 수급권을 보장할 수 있을 때에야 현실성이 있어 보인다. 최근 일부 국가에서는 복합적 특징을 가지도록 법정연금제도를 개혁했다. 큰 부분은 부과방식으로 그대로 두면서 작은 부분에 대해 적립방식을 도입하는 식이다.

부과체계는 일반적으로 연간단위로 운영된다. 그해의 지출을 감당하기 위해 그해의 기여금을 계산한다. 하지만 부과체계에서 때때로 장기적인 시간틀(예를 들어 7년)을 가지고 운영하는 경우도 있다. 이때 이 장기적 시간 동안 발생하는 청구를 보장하려면 그 체계 내에 충분한 자산을 항상 보유하고 있어야 한다. 개인구좌에 기여금 포인트의 형태로 기여금을 등록하는 (연금)제도도 있다. 매년 이 포인트의 가치가 돈으로 표현된다. 적립된 포인트의 수에 따라 향후에 (연금)급여가 지급된다. 적립된 포인트는 급여가 제공되는 당시 돈의 가치로 환산된다.

위에서 언급한 두 가지의 부과 형태처럼, 적립체계에서는 대개 사회보장체계의 자산을 조성하고 관리하는 기금을 구축한다. 분명히 이 기금에 자산이 많을수록 금융시장에서의 영향력이 더욱 크다. 부과체계에서는 이런 기금이 특별히 필요하지 않다. 약간의 '유동자본,' 즉 (현재) 청구에 대해 다소 부드럽게 대처하기 위해 필요한 돈의 공급이 있으면 된다.

어떤 체계를 수년 동안 유지하고 나면 부과와 적립의 구분이 실제로 드러난다. 근로활동을 하는 가입자가 조성한 자산이 은퇴한 가입자에게 급여를 제공하는 데 실제로 먼저 사용될 것이기 때문이다. 이때 적립과 부과의 진짜 차이는 무엇일까? 적립방식에서는 (대개 글로벌) 금융시장 발전의 함수로 나중에 지급될 급여가 계산된다. 반면, 부과방식에서 미래의 급여는 (국내) 노동시장에서의 임금의 변화에 따른다.

재원조달이 직면한 문제의 원인 많은 사회보장제도에서 (특히 보건의료나 노령연금 관련 제도에서) 현재 심각한 재정난에 당면하고 있다. 인구의 고령화가 점점 심해지고 출산율이 낮아지는 것이 그 이유이다. 또한, 청년들이 점점 더 오랜 기간 학습을 하고, 동시에 점점 더 많은 국가에서 실업에 대처하는 방법으로 근로자들이 더 이른 나이에 노동시장에서 나가도록 하는 조치를 취해 왔다. 그 결과 활동인구와 비활동인구의 비율이 점점 악화되고 있다. 즉 노동인구는 감소하고 사회보장급여를 받는 사람들의 수는 많아지고 있다. 분명, 증가하는 실업률도이 현상에 기여했다. 또, 의료비용이 전례 없는 수준에 이르렀고, 고령인구가 증가하고 있는 이 시기에 더 많은 의료서비스와 다른 형태의 돌봄이 필요하게 되었다. 마지막으로, 많은 나라에서 지금 존재하는 사회보장제도가 완전히 성장궤도에 이른 지 불과 몇 년밖에 지나지 않았고, 따라서 이제 사람들이 최대한의 연금을 온전히 받아야 하는 시점에 있다는 사실도 짚고 넘어가야 할 것이다. 게다가 이러한 사회보험체계는 과거에 온갖 종류의 비활동기간(예를 들어, 어린 자녀를 양육하기 위한 직업의 단절)을 (기여금을 내는) 근로활동기간과 똑같이 취급하여 더욱 과중한 부담을 안게 되었다.

　이런 점을 볼 때 많은 국가에서 최대로 징수할 수 있는 세금의 한계에 이르렀다고 보고 있으며, 때로는 정부가 이미 상당한 공채로 심각하게 부담을 안고 있는 상태에서 재원의 부족을 겪고 있어 사회보장체계를 재정적으로 지탱하기 위해 필요한 자금을 찾기가 점점 더 불가능해지고 있음을 기억해야 할 것이다.

지방으로 이양된 재원조달 자치권　하나의 동일한 연대망 속에서, 부유한 사람으로부터 가난한 사람으로, 노동인구로부터 은퇴 후 또는 취업 전 인구로, 한 세대에서 다른 세대로, 또 한 지역에서 다른 지역으로 자금이 이동하는 것을 분명히 볼 수 있다. 만일 이 마지막 상황, 즉 재정이 한 지역에서 다른 지역으로 이동하는 것이 계속해서 한 지역을 유리하게 하고 다른 지역에는 불리하게 작용한다면, 하나의 공통된 연대체계를 만들어야 할 필요성에 대해 사람들이 의심을 품게 될 수 있다. 한 국가 내에 존재하는 사회보장체계(의 재원조달)에 대한 자치권을 지방으로 이양하는 것에 대하여, 연구결과에서는 이로 인해 그 나라의 재정적, 경제적 통합이, 적어도 사회부조, 보건의료, 가족수당에 관련해서는 깨지지 않는 것으로 나타났다. 소득대체급여에 대해 자치권을 이양하는 경우에는 다를 수 있다.

세대 간 연대　부과체계에서는 세대 간 연대 역시 지켜져야 한다. 이러한 연대는 노동인구가 이전 세대의 사회보장청구에 응하기 위한 자금을 기꺼이 제공한다는 것을 의미한다. 또 나중에 후속세대가 감당할 수 없을 만큼의 비용을 부담시키는 사회보장체계를 만들지 않겠다고 하는 현재 노동인구의 의식도 담겨 있다.

조세지출 사회적 위험에 당면한 사람들에게 사회보장체계에서 보호를 제공하지만, 사회적 위험에 대응하는 다른 방법들도 있다. 이런 점에서 세금체계에 특별한 주의를 기울일 필요가 있다. 보통 과세대상이 되는 소득에 비과세하거나 감세함으로써 때때로 사회보장급여제도를 만드는 것에 준하는 효과를 얻게 된다. 이것이 소위 '조세지출(tax expenditure)'이라고 하는 현상이다.

제 16 장

사법적 보호

행정기관에 의한 내부 심사 사회보장 행정기관의 결정에 사람들이 항상 수긍하는 것은 아니다. 예를 들어 급여를 신청했는데 행정기관이 지급을 거부하거나, 행정기관이 지급하는 급여의 수준이 수급자가 느끼기에 너무 미약할 수 있다. 법치주의를 준수하는 국가라면 사회보장 행정기관의 결정에 불복할 때 그 결정을 다툴 수 있게 필요한 수단이 마련되어 있어야 한다. 다른 말로 하면, 이런 경우 일정한 형태의 사법적 보호가 있어야 한다.

많은 국가에서 사회보장 행정기관의 결정에 이해관계가 있는 사람들이 그 결정이 내려지기 전에 먼저 청문의 기회를 갖도록 한다.

대부분의 국가에서 사법적 보호의 첫 단계는 사회보장 행정기관이 분쟁이 되는 결정에 대해 내부적으로 확인작업을 하는 것이다. 사회보장 행정기관이 결정을 재고하도록 당사자가 요청할 수 있다(혹은 반드시 요청해야 할 때도 있다). 최소한 그 결정에 대해 나중에 법적 소송을 제기할 수 있으려면 그렇다. 이런 요청에 대해 실제로 처음에 그 결정을 내렸던 행정기관의 단계에서 다룰 수도 있지만, 상급 단계에서 그 사안에 대한 권한을 가질 수도 있다. 때때로 사회보장 행정기관 내에 별도의 심의부서가 세워지기도 한다. 이러한 내부절차의 다른 형태로, 결정을 내린 행정기구가 아닌 다른 행정기구가 분쟁이 되는 결정을 검토하기도 한다.

당사자가 행정기관 내부 절차를 통해 금방 만족할 만한 결과를 얻을 수 있다. 그렇지 않은 경우 (또는 내부적으로 행정불복제도가 없는 경우) 당사자는 대부분 법원의 보호에 기대야 할 것이다. 법원에 의한 사법적 보호에 대해서는 뒤에 논의할 것이다. 일단 여기서는 이런 내부적 행정불복제도가 여러 모양새를 띨 수 있다는 점에 대해 이야기하고자 한다. 일정한 형식적 규칙에 따를 수도 있고 격식이 없는 성격의 것일 수도 있다. 대체로 당사자는 행정심판기구가 제공하는 청문의 기회를 갖는다. 하지만 고전적인 절차적 권리들이 내부적 행정불복절차에서 언제나 온전히 중요하게 기능하지는 못한다. 예를 들어 절차가 서로 반박하는 방식으로 진행되지 않을 수도 있고, 양측 사이의 평등이 완전히 보장되지 않을 수도 있다. 또, 결정이 새로 내려져도 공개적으로 발표되지 않을 수 있는 등이다. 그렇긴 해도 일반적으로 새 결정에 대해서는 결정이유가 제공될 것이다. 원결정에 대해서는 항상 그렇지만은 않은 것과 다르게 말이다. 따라서 최소한 당사자가 법정에서 그 결정에 대한 반대주장을 입증하기가 대체로 더 쉬워진다.

법원에 의한 사법적 보호　사회보장에 관련된 사건에서 법원의 사법적 보호는 여러 가지 모양새를 가질 수 있다. 사회보장에 관한 소송은 민사법원의 권한이거나 또는 일반 행정법원의 권한에 속할 수 있다. 하지만 그렇지 않은 경우도 종종 있다. 대개 사회보장소송에 대한 결정을 다루는 특별법원이 세워진다. 때로 이런 법원은 노동법 사건 등 다른 소송을 처리할 권한도 가질 수 있다. 형사법원은 사회보장형법을 집행할 권한을, 민사법원은 행정기구의 불법행위로 발생한 당사자의 손해에 대하여 배상하도록 선고하는 권한을 유지하는 경우가 많다.

사회(보장)법원의 구성 방식과 법적 절차　사회(보장)법원은 대개 그 구성 방식과 법적 절차의 측면에서 다른 법원과 차이가 있을 때가 많다.

사회(보장)법원은 직업판사로 구성될 수 있는데, 이때의 직업판사는 정규법관일 수도 있고 그렇지 않을 수도 있다. 이런 직업판사에 더하여, 일반인 판사도 사회(보장)법원의 구성원이 될 수 있다. 일반인 판사는 사회보장(과 노동)의 영역에 대해 더 잘 알고 있고, 그렇기 때문에 현실적으로 적합한 해결책을 찾는 데 직업판사를 보조할 수 있다고 여겨진다. 일반인 판사는 대부분 고용주 단체와 근로자 노동조합에서 오며, 자영업자 단체에서 오는 경우도 가끔 있다. 일반인 판사는 종신 임용되지 않는 것이 일반적이다.

일반적으로 사회(보장)법원에서의 재판은 일반 법정의 재판보다 덜 엄격하고 덜 형식적이다. 당사자가 법조인(변호사 등)의 도움 없이 재판을 할 수 있는 경우가 다른 소송 사건에서보다 많다. 직장단체나 노동조합의 대표나, 심지어 가족구성원이 소송인을 보조하거나 대리할 수 있다. 더 나아가, 당사자가 무료법률구조를 요청할 수도 있다.

사회(보장)법원에서 당사자가 소송비용으로 부담하는 금액은 대개 미미한 수준이다. 소송비용이 전혀 부과되지 않거나 행정기구의 부담으로 처리된다. 심지어 당사자가 패소한 경우에도 마찬가지일 수 있다.

통상적인 절차를 따른다고 할 때, 많은 경우 보통의 민사소송보다 사회보장소송을 더 빨리 진행할 수 있어야 한다는 점에 사회보장소송의 독특한 특징이 있다. 예를 들어 의료의 요구나 노동능력상실(의 정도)을 판정하는 절차는 매우 빨라야 한다. 왜냐하면, 당사자가 사회보장급여/서비스를 처음 신청하던 때에 행정기구가 거부 혹은 승인할 자격이 있었던 문제를 어떻게 나중에 판단할 수 있겠는가? 일 년 후에 실시하는 의료검진으로는 제대로 된 판단을 하기 어려울 수 있다. 사회(보장)법원에서 의료전문가를 정규직원으로 고용할 수도 있다.

사회보장소송에서 입증책임의 분배로 인해서도 특별한 문제가 발생할 수 있다. 그래서 추정에 기반하여 사회보장법을 운용해야 할 때가 종종 있다. 이런 상황은 예를 들어 어떤 사고가 노동사고(산업재해)로 인정될 수 있는지 하는 쟁점과 관련하여 자주 일어난다. 또 제재를 부과할 때에도 이런 가정에 근거하여 판단해야 할 때가 있다. 예를 들어 어떤 사람이 '몰래 아르바이트'를 하고 있음이 입증되면, 그 사람이 수급자격을 가지기 이전의 기간에도 역시 '몰래 아르바이트'를 하고 있었다고 가정하는 경우가 많다. 물론, 이런 가정을 할 때에는 극도로 주의를 기울여야 한다.

대부분 '제1심'의 사회(보장)법원과 함께 항소심의 사회(보장)법원이 존재한다. 항소심은 다시 민사법원에 맡겨질 수 있다. 사회(보장)법원의 판결에 대해서 그 위헌성을 검토하는—이런 법적 구제장치가 그 나라에 존재하는 경우—파기(cassation)나 항소가 제기될 수도 있다. 하지만 사회보장소송 사건에 대한 권한을 항상 단 하나의 사회(보장)법원이 가지는 것은 아니다. 소송의 성격이나 해당되는 사회보장제도 등에 따라 때때로 권한을 가진 사회법원이 여러 개 있을 수 있다. 예를 들어 사회보험소송에 대해 권한이 있는 법원과 사회부조소송 관련 법원이 서로 다른 것이 희귀한 경우는 아니다. 사회(보장)법원이 모든 사회보장소송에 대하여 권한을 가지지 않고 다른 민사법원이 일부 추가적 권한을 가질 수도 있다.

사회보장에 관한 소송이 대부분 주관적 권리(또는 자격)를 중심으로 하지만, 정당한 이익 또는 '반사적 권리'에 관한 것일 수도 있다. 사회보장법이 어떤 사람에 대해 주관적 권리를 인정하는 것이 아니라 그 사람이 혜택을 받도록 사회보장제도를 창출하는 경우 후자에 해당할 것이다. 이런 경우나 혹은 사회보장법이 사회보장 행정기구에 재량권을 부여하고 있을 때에도, 제한적이긴 하지만 여전히 사법적 보호를 받을 수 있다. 예를 들어, 사회보장 행정기구가 그 권한을 행사하는 방식이 자의적이거나 권한을 넘어서지 않았는지 검토할 수 있다. 어떤 사회보장사건을 검토할 때 사회(보장)법원은 분쟁이 있는 행정결정의 적법성을 점검할 뿐만 아니라, 때때로 한 걸음 더 나가 그 결정의 기회에 대하여 심사하기도 한다. 따라서 행정기관이 내린 결정이 정말로 가능한 최선의 방식으로 공공 이익에 기여하는지를 검토한다.

옴부즈퍼슨에 기댄 해결책   사회보장수급자격(또는 정당한 사회보장이익)이 무시되었다기보다는, 과정상에서 사회보장 행정기구가 당사자를 대하는 방식을 견딜 수 없는 때가 있다. 권리가 침해된 것은 전혀 아니지만 입법자나 행정기구가 그/그녀의 특수한 사례를 전혀 주목하지 않았고, 그 결과 중대한 부정의(gross injustice)의 피해자가 된다는 견해를 가질 수도 있다. 이런 경우, 만일 옴부즈퍼슨이 있다면 옴부즈퍼슨에게 해결책을 찾도록 요청할 수 있다. 옴부즈퍼슨이 구체적으로 사회보장 쟁점을 담당하기도 하지만, 대개의 경우 대정부와의 관계에서 시민을 보호하는 더욱 일반적인 임무를 맡는다. 만일 옴부즈퍼슨이 진정을 접수하거나 직권으로 행동을 취하기로 결정하면, 상당한 조사 권한을 행사하게 된다. 다양한 당사자들의 이야기를 듣고, 법정 밖에서 우호적인 합의에 이르기 위해 노력한다. 옴부즈퍼슨이 할 수 있는 최후의 수단은 대부분의 경우 보고서를 작성하여 발표하는 것이다.

마지막으로, 이용가능한 법적 구제수단에 대해 시민들이 잘 모른다면 사법적 보호는 달성될 수 없다는 점을 강조하고자 한다. 따라서 모든 가능한 법적 보호에 대하여 정보를 제공하는 것이 필요하다. 많은 국가에서 사회보장보호의 측면에서 가장 중요한 법적 구제수단을 대개 사회보장 결정 양식에서 언급하고 있어서, 당사자가 결정에 동의하지 않는 경우 이런 구제방법을 이용할 수 있도록 하고 있다.

제 17 장

사회보장법의 집행

사회보장에 있어서의 협력의무 사회보장법체계는 적용대상 범위에 속하는 사람에게 권리뿐만 아니라 여러 가지 의무도 부여한다. 이러한 의무를 이행하지 못하는 것의 결과가 단순히 사회보장급여의 수급조건을 충족하지 못하는 것일 수 있다. 하지만 의무의 불이행에 대해 제재가 필요할 때도 있다. 사회보장제도 자체 내에서 제재가 이루어질 수도 있고, 형사적 제재를 적용할 수도 있다. 실제로 사회보장 부정수급이 문제가 될 때가 있다. 사회보장 의무의 불이행에 대하여 사회보장 행정기관과 정부가 사용할 수 있는 모든 제재수단을 포괄하는 의미로 여기서는 '사회보장법의 집행(enforcement of social security law)'이라는 용어를 사용한다.

　사회보장법체계에서 가장 중요한 의무는 무엇일까? 가장 우선적으로, 개개인은 사회보장 행정기구에 숨김없이 솔직하게 정보를 알려야 한다. 당사자는 사회보장 행정기구에 사회보장 수급자격(의 범위)에 관련됨 직한 모든 정보를 계속해서 알려 주어야 한다. 물론 행정기구에서 정보를 요청할 때에 마찬가지로 솔직하게 응해야 한다. 최소한 그 행정기구에게 정보수집 권한이 있고 그 정보가 사회보장법을 시행하는 데 도움이 되는 것인 경우에 그렇다.

하지만 대부분의 경우 단순하게 정보를 알리는 것 이상의 의무가 있다. 사회보장법의 시행에 협력해야 한다는 것이다. 어떤 면에서 정보제공의 의무는 이미 이런 협력의무의 한 가지 형태이다. 하지만 다른 의무도 있다. 예를 들어 적절한 재활프로그램에 배치되도록 건강검진을 받아야 할 의무, 재교육과정과 직업훈련에 참석할 의무, 실직시 공공복지사업을 수행할 준비를 갖출 의무 등이 있다. 사회보장의 보호를 받는 사람은 정말로 수많은 형태의 협력을 제공해야 한다는 요구를 받게 된다. 하지만 사회보장 입법자나 행정기관이 이런 협력의무를 부과할 때 다소 자제할 필요가 있다는 것도 분명해 보인다. 당사자의 기본권과 자유는 반드시 보호되어야 한다. 마찬가지로, 의무와 그에 상응하는 사회보장급여 사이에 합리적인 균형이 지켜져야 한다. 예를 들어 소액의 급여를 받는데, 강도 높고 고통스러운 의료검진과 같은 과중한 협력의무가 따라서는 안된다. 또한, 부과되는 의무와 사회보장체계를 원활히 운영하는 것 사이에 합리적인 관계가 있어야 한다. 즉, 다른 경로로 필요한 정보를 더 쉽고 저렴하게 구할 수 있는데도 당사자에게 과중하게 정보제공의 의무를 부과해서는 안 된다.

사회보장제도의 적용대상 범위에 포함되는 사람이 수급요건을 충족하지 못한 상태에서 급여를 청구한다면, 그 급여를 받지 못할 것이다. 분명 이것은 제재가 아니라 단순히 사회보장제도의 시행일 뿐이다. 그럼에도 불구하고 여기서 두 가지 측면에 주목할 필요가 있다.

정당한 급여거부 또는 반환 청구와 제재의 관계 협력의무가 예를 들어 사생활에 영향을 미치거나 어떤 방식으로든 인권에 관련되면, 다음과 같은 이유를 들어 이를 정당화하게 된다. 당사자에게 여전히 선택의 여지가 있기 때문에, 억지로 사생활에 대한 침범을 허용하게끔 법체계에서 강제하는 것이 아니며 기본권을 제한하지도 않는다는 것이다. 당사자는 어느 정도 자신의 자유가 제한되는 것을 감수하고 사회보장급여를 누리던가, 아니면 개인의 자유를 온전하게 지키기로 하고 사회보장급여를 단념하기로 선택할 수 있다. 하지만 이런 식의 생각에는 심각한 결함이 있다. 그런 경우가 아주 적기는 하지만, 사회보장급여를 받는 대가로 개인적 자유의 일부를 정말로 '포기'해야 하는 경우가 있다. 그렇지만 일반적으로 당사자들은 실질적으로 선택이 불가능할 정도로 사회보장급여에 의존하고 있다. 만일 이런 사람이 개인적 자유를 제한당하고 싶지 않다고 한다면, 이로 인하여 사회보장급여가 거부되는 결과는 정말로 (아마도 불합리한) 제재가 될 것이다.

두 번째로, 수급요건을 충족하지 못한 사람이 그럼에도 불구하고 급여를 받았고, 이 문제가 나중에 밝혀지는 경우에 대해 이야기해 보겠다. 이전 상태, 즉 사회보장제도가 제대로 시행되었다면 존재했을 상태로 돌아가는 것, 다른 말로 하면 받지 않았어야 할 사회보장급여를 환수하는 것은 제재가 아니다. 하지만 이런 환수가 때로는 제재로 다가올 수 있다. 꽤 오랜 기간일 수도 있는 시간 동안 오류로 인해 받았던 급여를 갚아야 하는 것이 당사자에게 고통이 되곤 한다. 따라서 많은 사회보장체계에서는 한편으로 사회보장체계의 잘못된 시행에 대해 수급자 본인에게 책임이 있는 경우와, 다른 한편으로 사회보장체계의 부정확한 시행에 대해 사회보장 행정기구가 책임이 있는 경우를 구분한다. 후자의 경우에는 거의 환수하지 않거나, 환수한다고 하더라도 시간이나 범위에 제한을 둘 것이다. 때로는 수급자가 본인에게 수급자격이 없다는 것을 합리적으로 알 수 있었는지 여부에 따라 환수조치를 (모두 또는 일부) 면제하기도 한다.

때때로 환수조치가 부분적으로 부적절하게 보일 수 있다. 이런 경우 행정적 제재와 비슷해진다. 예컨대 어떤 사람이 사회보장 행정기구에 자신이 실업기간 계속했던 약간의 직업활동에 대해 부정확하게 알리는 상황을 생각해 볼 수 있다. 해당 사회보장제도에서 실업기간에는 직업활동을 할 수 없다고 정하고 있고, 다만 해당 행정기구의 허가를 받은 경우 그 약간의 직업소득 액수만큼 수당이 줄어든다고 가정하자. 여기서 당사자가 미신고 활동으로부터 수당의 25%에 해당하는 돈을 벌었다고 가정하자. 만일 그가 이 활동을 신고했다면 수당의 75%를 받았을 것이다. 하지만 이제 수당 전체금액을 환수한다. 여전히 환수이기는 하지만, 분명 행정적 제재와 상당히 닮아 있다.

지급 당시에는 사회보장급여를 지급하는 것이 사실상 적절했는데 결국에는 이 급여를 환수해야 되어 반환을 요구하는 경우도 있을 수 있다. 전형적인 예가 다음과 같다. 빈곤과 실업 상태에 있으면서 사회보험 실업급여의 수급자격이 없는 사람이 사회부조를 받는다고 하자. 일 년 후, 이 사람이 고용주를 상대로 한 소송에서 승소하고, 이에 따라 고용주 측에 잘못이 있는 이유로 인해 사직했던 순간부터 그 이후의 임금을 지불하라는 명령이 고용주에게 내려질 수 있다. 따라서 사회부조를 수급한 기간에 대하여 후속적으로 체불임금이 지급되고, 대체로 사회부조기구는 그 사람이 나중에 임금을 받게 되는 순간부터 지급된 수당의 반환을 요구할 자격을 가지게 된다. 이 경우, 부양의무가 있는 자에 대하여 비용을 회수하는 경우와 상당히 비슷해진다(제14장 참조).

행정적 제재   일반적으로, 사회보장체계는 '행정적 제재(administrative sanctions)'를 부과할 수 있도록 하여 이미 자체적으로 바람직하지 않은 행동을 제재한다. 법원이 아니라 이렇게 행정기구가 직접 부과하는 제재에는 경고, 사회보장급여의 전체—또는 일부—의 일시적 또는 영구적 상실 등이 있다. 사회보장급여의 일시적 수급자격 상실의 경우, 대개 '정지(suspension)'라는 말을 사용한다. 대부분의 국가에서 행정적 제재가 부과되는 사람은 형사적 제재가 부과되는 사람만큼의 사법적 보호를 받지 못한다. 그럼에도 불구하고 행정적 제재는 사실 형사적 제재보다 더 심각하게 영향을 미칠 수 있다. 하지만 대부분의 사회보장체계에서는 불합리한 행정적 제재에 대하여 소송을 제기할 수 있도록 소정의 법적 구제수단을 제공한다. 이를 통하여 법원은 행정적 제재를 부과하는 것의 정당성을 판단하는 한편, 대개는 사용된 행정적 제재의 정도에 대하여도 심판한다. 법원이 제재의 수준을 더 높일 권한은 없는 것이 대부분이다. 또 행정적 제재 역시 제재이기 때문에, 그 사람이 실제로 어떤 잘못을 했을 때에만 부과될 수 있다. 이런 잘못이 사소할 수도 있고(예를 들어, 처음이고 비자발적인 실수나 기억착오로 일어난 것이 명백한 경우) 중대할 수도 있다(예를 들어, 부정수급을 목적으로 의도적으로 사실이 아닌 정보를 제공하는 등). 분명, 비례성의 원칙(principle of proportionality)이 여기에서 준수되어야 한다. 경미한 잘못에 대해서는 반드시 경미한 수준의 행정적 제재가 따라야만 한다.

이런 점에서 제기되는 특별한 쟁점이, 사회보장체계의 운영과 관련 없는 행위에 대해 행정적 제재가 부과될 수 있느냐 하는 것이다. 예를 들어, 공공장소에서의 주취(酒醉)로 심각한 문제가 있는 사람에게 일시적으로 급여를 정지하거나 줄이는 것이다. 이런 주취가 사회적 위험의 발생과 지속에 아무런 영향을 미치지 않는다면 이에 대해 행정적 제재를 가할 수는 없다고 생각한다.

행정적 제재를 부과하는 것이나 심지어 단순히 부당수급에 대해 환수하는 것도 별로 적절하지 않을 때가 있다. 따라서 많은 사회보장체계에서는 사회보장 행정기관이 제재나 환수조치를 하지 않을 수도 있게 하고 있다. 환수나 제재로 인해 당사자가 곤경에 빠지게 되거나, 환수에 소요되는 노력과 사회보장이 얻는 이익이 불균형하거나, 문제가 되는 금액이 미미한 상황 등에서 대개 그럴 수 있다.

형사적 제재　어떤 경우에는 사회보장법에서 부과된 의무를 이행하지 않으면 법질서에 큰 혼란이 생기기 때문에 형사적 제재가 바람직하다고 여겨지기도 한다. 따라서 많은 사회보장법에서는 사회보장제도의 맥락에서 일어날 수 있는 온갖 종류의 범죄를 나열하고 각 범죄에 대한 처벌을 제시하고 있다. 또, 본인 잘못에 의한 사회보장법상 의무불이행이 형법상 처벌되는 일반 범죄의 구성요건을 모두 가지고 있을 수도 있다. 예를 들어 고의로 사실이 아닌 정보를 제공하는 경우, 횡령, 사기, 위조와 같은 죄명으로 기소될 수 있다.

　분명한 것은, 형사적 제재는 법원에 의해서만 부과될 수 있고, 대개 다른 법원에 항소할 수 있다는 점이다. 일반적으로 형사법원이 이런 사안을 처리할 권한을 갖지만, 때때로 사회(보장)법원에서도 (일정한) 형사적 제재를 부과할 권한을 갖기도 한다. 특별(사회보장)형사법과 일반 형법 사이의 관계가 언제나 명확하지는 않다. 특별법 우선의 원칙이 적용되는 것이 분명하지만, 반면 많은 국가의 형사법정에서 특별 사회보장형사법보다는 (자신들이 익숙한) 일반 형법을 집행하는 것을 선호한다. 어떤 경우든, 형사적 제재는 당사자의 행위에 잘못이 있는 때에만 부과할 수 있는 것은 확실하다. 부과되는 처벌은 대개 벌금으로 한정되지만, 때로는 자유형으로 처벌하는 경우도 있을 수 있다. 법인이 사회보장의무를 불이행하였고 이에 책임이 있을 때 적절한 형사상 제재를 부과하기 위하여 별도의 제도가 마련될 수 있다.

행정적 제재와 형사적 제재 사이의 관계　형사법원에서 형사적 제재를 부과할 때 이미 행정적 제재도 부과되고 있는 경우가 많고, 부당급여분을 환수하고 있거나 환수하려고 하는 중일 수도 있다. 이런 경우 당사자는 자신이 하나의 동일한 행위에 대해 세 번에 걸쳐 '처벌'받는다고 생각할 수 있다. 하지만, 대개 법체계의 기본 입장은 환수를 제재라고 보지 않는다. 행정적 제재와 형사적 제재 사이의 관계에서는 일사부재리(*non bis in idem*)의 원칙에 비추어 더 복잡한 문제가 발생한다. 예전에는 두 가지 제재가 근본적으로 성격이 매우 달라 동시에 부과하더라도 일사부재리의 원칙을 위반하지 않는다는 견해가 일반적이었다. 하지만 오늘날에는 예컨대 유럽인권협약(European Convention on Human Rights)에 담긴 일사부재리의 원칙에서 두 가지 제재를 모두 처벌이라고 보는 것으로 의견이 모아지는 경향이 있다. 따라서 형사적 제재와 행정적 제재가 동일한 범죄를 처벌하는지에 대해 살펴보아야 한다.

어떤 경우이든, 행정적 제재를 부과하는 기구나 형사법원이나 모두 제재를 결정할 때, 형사적 제재의 정도 즉 동일한 사실에 대하여 앞서 부과된 행정적 제재를 고려하리라고 가정할 수 있다.

그런데 많은 경우, 행정적 제재와 형사적 제재의 부과(에 대한 위협)가 사회보장의무를 이행하지 않으려는 사람에게 실질적인 압박이 되지 못한다. 예를 들어, 사회부조 수급자에 대하여 제재를 부과할 때 종종 인간의 존엄성을 지킨다는 한계선에 부닥치게 된다. 왜냐하면, 인간다운 생활을 하기 위해 필요한 수단으로 제공되는 수당을 어떻게 줄이거나 심지어 정지할 수 있겠는가? 유사하게, 경제적 위기나 극심

한 실업상황에서 기여금을 납부하지 않는 고용주가 있을 때, 기여금의 강제징수와 제재로 기업의 파산과 결국 근로자의 해고로 이어질 수 있다면 이런 고용주에게는 강제징수와 제재가 사실 별로 두렵지 않을 것이다.

사회보장 부정수급의 근절 많은 나라에서 사회보장 부정수급의 근절을 오늘날 중요한 우선순위로 삼고 있다. 원칙적으로 사회보장의 실제적인 남용(abuse)과 오용(improper use)을 구별해야 한다. 오용의 경우, 사회보장법 규정을 위반한 것은 아닌데 분명 사회보장의 입법목적에는 부합하지 않는 상황을 가리킨다.

가장 잘 알려져 있는 사회보장 부정수급의 형태는 소위 '몰래 아르바이트'라는 것이다. 사회보장체계에 알리지 않은 채 노동을 하는 것이다. 따라서 소득세를 내지 않고 사회보장 기여금도 내지 않는다. 심지어 공식적인 직업활동이 있었다면 수급자격이 없었을 사회보장급여를 받기도 한다. 그 수준이 어느 정도인지 믿을 만한 평가를 하기는 매우 어렵지만, 일부 국가에서는 사회보장 부정수급이 상당한 비중을 차지하는 것으로 보인다. 때때로 '흑색' 노동시장과 '회색' 노동시장을 구분하기도 한다. 전자는 사회보장 행정기관이 전혀 모르게 일하는 사람을 말하고, 후자는 사회보장 행정기관에 등록되어 있지만 관련 사회보장 행정기관이나 조세기관 몰래 소정의 직업활동을 하는 노동자를 말한다. 좀 더 완곡한 표현으로 '비공식경제'란 말이 사회보장에 포착되지 않는 노동자와 직업활동을 지칭하는 용어로 사용되기도 한다.

하지만 행정적 제재와 형사적 제재는 온갖 종류의 사회보장 부정수급을 근절하는 데 단지 이차적인 역할을 담당할 뿐이고, 가장 중요한 것은 당연히 사회보장법제를 최대한 부정수급이 불가능하게 만드는 것이다. 개인소득세와 법인소득세가 제대로 작동하도록 하는 것이 사회보장 부정수급을 발견하기 위해 가장 중요하다는 점도 분명하다. 그렇다고 사회보장제도를 최대한 악용하기 어렵게 만들면, 그 반대급부로 각 개인이나 사안의 특수성을 고려하는 것이 더욱 어려워지기도 한다.

제 18 장

개인의 사생활과
기본적 자유의 보호

사회보장과 기본적 자유와의 긴장관계 사회보장은 많은 사람들의 일상
생활에 다방면으로 깊숙이 관여하고 있다. 따라서 당사자의 사생활 및
기본적 자유의 존중과 사회보장이 팽팽한 긴장관계를 형성할 때가 있
다. 몇 가지 예를 들어보겠다.

　　사회보장급여를 제공하기 위해 자산조사가 필요할 때, 행정기구
에서는 그 자산조사 수행에 관련된 당사자의 소득과 재산/자본에 대
한 정보를 가지고 있어야 한다. 더욱이, 자산조사에서는 신청인의 자
산뿐만 아니라 다른 사람들, 특히 배우자와 자녀의 자산을 고려해야
할 때가 있다.

　　사회보장제도에서 비혼의 커플을 혼인한 커플과 똑같이 취급하
는 경우, 비혼 커플이 공동으로 가계를 관리하고 있는지 심사해야 할
때가 있다.

이미 위 두 사례에서 사회보장을 위한 정보요구로 인하여 사회보험 가입자나 사회부조 수급자격자의 사생활 보호가 어려워지는 것을 여실히 볼 수 있다. 하지만 이러한 (실제의 또는 잠재된) 갈등을 일방적으로 해결하는 것은 타당하지 않다. 가장 도움이 필요한 사람을 최우선적으로 보호하려는 목적의 선별적 사회보장정책이 사실상 불가능해질 만큼 개인의 사생활을 대단히 존중할 수는 없다. 사회보장급여를 받지 않고 살기로 하면 사생활을 드러내도록 강제당할 일도 없다고 보는 견해를 자주 접하긴 하지만 이것 역시 맞지 않다. 사회보장급여를 받지 못할 수도 있다는 것이 큰 압박 수단이기 때문에, 사생활과 급여 둘 중 어느 하나를 선택한다는 것은 실제로는 존재하지 않는 선택인 경우가 많다. 이러한 일차원적 방식은 해결책이 될 수 없다. 개인의 사생활 존중과 공공의 이익 모두를 최대한 실현하기 위해서는 적절한 절차가 있어야 할 것이다. 한편으로는 요청되는 정보의 중요성과 범위, 다른 한편으로는 개인의 사생활에 대한 침범의 수준 사이에서, 합리성이나 비례성과 같은 원칙에 기초하여 더욱 균형 잡힌 접근을 할 수 있다.

사회보장이 사회보험 가입자의 건강상태를 다루어야 하는 다양한 상황에서, 예컨대 노동능력상실의 정도를 평가하거나 의료비를 지급 혹은 환급해 줄 때, 분명 사생활의 영역 안으로 들어서게 된다. 따라서 대부분의 사회보장제도에서는 직업상 비밀누설금지 의무가 있는 의사들만이 의료정보를 취급할 수 있도록 하는 절차를 마련하고 있다. 사회보장에서 수급자에게 의료검진을 받도록 요구하거나 심지어 의료적 시술을 받도록 요구할 수 있는 범위를 일부 국가에서는 입법으로써, 다른 국가에서는 주로 판례법으로써 정하고 있다. 여기에서 합리성이나 비례성과 같은 개념이 역시 중요한 역할을 할 것이 분명하다.

IT, e-정부 도입과 사생활 보호 사회보장의 원활한 운영을 위해서는 사회보험 가입자나 사회부조 수급자격자에 관한 상당 분량의 정보가 장소와 시기를 달리하여 필요하다. 이 정보는 본인이 자발적으로 제공하거나 혹은 부수적으로 제공될 수 있다. 여기까지는 꼭 사생활 문제라고 할 수 없다. 그러나 다양한 정보가 축적되고 결합되어 원래 의도했던 것보다 더 많이 사생활이 노출되면 문제가 생긴다. 과거에는 수기로 보관되었던 데이터뱅크가 전산화되면서 정보를 결합, 축적, 선별할 가능성이 급격히 커졌다. 권한이 없는 사람이 정보를 조작하면, 이로 인해 상당한 피해가 생길 수 있다. 따라서 사회보장 행정기구와 정부가 애초에 이런 중요한 정보를 보유하여야 하는지 여부에 대해 심각하게 의문을 제기할 수 있다. 다른 한편, 사회보장을 효율적으로 관리한다는 것에는 건실한 사회보장 데이터뱅크를 사용한다는 의미가 들어 있음이 지난 수십 년 동안의 경험에서 분명해지기도 했다. 그 결과, 사회보장에 IT와 e-정부를 도입하는 것과 당사자 개인의 사생활을 최대한 보호하는 것을 어떻게 조화롭게 만들어 갈 것인지에 대한 토론이 많은 국가에서 진행되었고, 여러 가지 접근 방식이 개발되었다. 어떤 특정 사회보장 행정기관에서 IT와 e-정부를 도입하기로 할 때, 그 기관의 파일을 다른 사회보장 행정기관의 파일과 연계하지 않는다는 제약을 조건으로 두기도 하였다. 또, 다수의 행정기구가 필요한 자료를 모두 중앙에서 입력하는 방법을 선택할 수 있다. 이때 각 행정기관은 자체적으로 정보를 보관하지 않고 사안별로 충분히 이유를 소명한 신청서를 중앙 데이터뱅크에 제출하여 자료를 요청하여야 하고, 중앙 데이터뱅크는—물리적으로나 처리방식에서나—철저하게 보호된다. 어떤 나라에서는 크로스로드 데이터뱅크(cross-road databank)라는, 그 자체로는 (식별키를 제외하고) 개인정보를 전혀 담고 있지 않는 방식을 선택하기도 했다. 이때 개인정보는 여러 사회보장 행정기구에 흩어져 있고, 해당 정보를 가장 많이 사용하는 행정기관이(예를 들어, 아동수당 행정기관의 경우 자녀 수에 대한 정보) 단독으로 그 자료를 보관한다. 다른 행정기구에서 직접 보유하지 않은 정보가 필요할 때에는 필요한 정보를 보관하고 있는 기구로부터 크로스로드 데이터뱅크를 통해 정보를 얻을 수 있다. 여기서 크로스로드 데이터뱅크는 정보 유통의 적법성을 거르는 필터로 작동한다.

기본권과 사회연대의 조화　사회보장제도는 개인의 사생활 보호를 방해할 뿐만 아니라 다른 기본권도 침해할 수 있다. 종교 및 표현의 자유와 실업보험 및 실업부조를 대비하여 몇 가지 예를 들어보겠다. 대부분의 사회보장제도에서는 본인 잘못으로 실업이 된 사람에게 제재를 부과한다. 하지만 그 사람이 흑인, 여성 혹은 동성애자와 관련된 고용주의 정책에 반대하기 때문에 그만둔 것이라면 어떨까? 어떤 실업보험 또는 실업부조 수급권자가 어떤 직장에서 억지로 돼지고기를 만져야 할 수 있다는 이유로―종교에서 금지하는 경우―취업을 거부하는 경우 행정기관은 어떻게 해야 할까? 이런 갈등 상황에서, 많은 국가의 법원에서는 이런 이념적, 철학적 또는 종교적 거부가 진지하고 일관적이었는지 여부와 그 정도를 평가해 왔다. 이런 측면에서 그 사람이 정말로 그 주장하는 신념에 부합하게 살아왔는지, 또 종교 권위자가 그 거부를 인정하는지 여부를 조사한다. 하지만 이런 접근을 받아들이기가 무척 어렵다. 기본권의 본질에 완전히 반한다고 보이기 때문이다. 우리에게는 무엇이든 마음 가는 대로 사고하고 믿을 자유가 있으며 우리의 신념이 진지하고 정당한지에 대해 정부나 사회보장기관이 심판할 수 없다. 반면, 우리에게 마음 가는 대로 사고하고 믿을 자유가 있다고 하여 반사회적인 행동이 허용되는 것은 아니다. 달리 말하면, 어떤 사람의 고유한 신념으로 인해 발생하는 비용이 사회로, 이 경우에는 사회보험이나 사회부조로 전가되어서는 안 되고, 마찬가지로 사회보장으로 인해 '순교자'가 발생해서도 안 된다. 기본권과 사회연대제도가 어떻게 조화를 이룰 수 있으며 둘 모두가 가능한 최선의 방식으로 극대화될 수 있는지 개별 사안마다 다시금 평가해야 할 것이다. 다른 경우에서와 같이 여기에서도 신의성실의 원칙, 합리성의 원칙, 비례성의 원칙, 신뢰보호의 원칙, 부정수급 및 오용 위험 회피의 원칙 등과 같은 원칙들이 구체적 해결책을 찾는 초석이 될 것이다.

논의의 완결성을 위하여 짚고 넘어갈 것은, 몇몇 국가에서는 종교적 신념 때문에 사회보험을 포함하여 모든 형태의 보험을 거부하는 상당히 많은 집단의 사람들이 있었다는 점이다. 보험이 신의 섭리에 대한 믿음을 저해한다고 믿기 때문이다. 일부 국가에서는 양심적 거부를 표명하는 이런 사람들을 사회보험에서 면제해 주는 특별제도를 마련하면서, 특별제도로 인해 오용의 여지가 발생하지 않도록 하고, 양심적 거부자로 인해 사회부조를 통한 사회적 연대에 지나친 부담이 생기지도 않도록 확실히 하였다.

제 19 장

국제사회보장법

국경을 넘어선 사회보장 문제 사회보장은 무엇보다 우선적으로 국내법에 의하여 규율된다. 국경을 넘는 측면 역시 국내법에서 규율한다. 하지만 국제적(international) 또는 초국가적(supranational) 수준에서의 사회보장이 필요할 때가 있다. 이에 따라 사회보장을 다루는 국제적 또는 초국가적 법적 협정이─직접적으로 또는 간접적으로─발달할 수 있다. 일반적으로 국제적 또는 초국가적 협정은 계약당사자(이자 그 국제협정을 비준하였거나 해당 초국가기관의 회원)인 국가(또는 국제법상 법인)에 대하여 국제법적 구속력을 갖는다. 그 나라의 국내 법질서에서 초국가적 또는 국제적 협정의 직접 효력을 헌법적으로 어떻게 바라보느냐에 따라, 국제적 또는 초국가적 규정이 국내법원에서 적용될 수 있고 국내법에 우선하는 효력을 가질 수도 있다. 헌법에서 이런 직접 수용을 허용하지 않으면, 국제공법상의 규정이 국내법 속에 편입되도록 국내 입법부의 개입이 필요하다.

국내 사회보장법은 적용대상이 되는 인적 범위와 지리적 범위를 정할 때 이미 국경을 넘는 상황을 다루게 되어 있다. 또 국내 사회보장법에서 흔히, 해외로 사회보장급여가 지급되거나 해외에서 보건의료가 제공되는 등의 가능성을 제한하기도 한다. 하지만 국경을 넘는 상황은 국제적 또는 초국가적 법적 협정을 통해 접근하는 것이 분명 가장 좋다. 최소한 서로 다른 국가체계에서 제공된 해결책들이 서로 충돌하여 그 사이에서 당사자가 결과적으로 아무것도 없이 남겨지는 상황을 피하려면 말이다.

국제적 또는 초국가적 조정협정　그러므로 왜 국제적·초국가적 법이 사회보장에 등장하는지에 대한 첫 번째 이유는 이미 규명되었다. 즉, 다양한 사회보장(법)체계를 서로 조절, 다른 말로 '조정(co-ordinate)'해야 할 필요성 때문이다. 이런 과정에 관한 국제적 또는 초국가적 법적 협정을 가리켜 조정협정(co-ordination instrument)이라고 부른다. 조정협정은 한 국가의 모든 사회보장제도에 관해 마련되거나 그중 일부에 대해서만 마련될 수도 있다. 마찬가지로 이런 협정을 통해 상당히 넓은 범위에 대해 조정하거나, 아니면 예컨대 상호주의의 조건을 두고 단순히 국적요건을 제외하는 등으로 제한할 수도 있다. 아래 내용을 조합하여 더 다양한 조정형태를 만들 수 있다.

– 조정협정 당사국의 시민들 사이에 국적을 이유로 한 차별을 금지한다.

- 국경을 넘는 요소가 얽힌 사회보장상황에서 어느 국가가 당사자의 사회보장에 대해 권한을 가지는지에 대하여 조정한다. 다시 말해, 사회보장체계의 적용범위에 관한 여러 국가의 규정 사이의 법적 충돌을 해결한다.
- 조정협정이 체결된 국가 간에 사회보험 가입기간, 노동기간, 거주기간을 '집계(aggregation)' 즉 함께 센다. 이를 가리켜 '취득 중인 권리의 유지'라고 한다.
- 조정협정이 체결된 다른 국가로 사회보장급여를 지급한다. 즉 사회보장급여의 수출 또는 '취득한 권리의 유지'를 의미한다.
- 여러 국가의 사회보장 행정기관 사이에 협력한다.
- 상대 국가의 사회보험가입자 또는 시민을 위해 지출된 비용에 대하여 상호 합의한다.

국제적 · 초국가적 사회보장협정의 원칙　조정을 다루지 않는 국제적·초국가적 사회보장협정도 있다. 이러한 협정에는 모든 회원국이 승인한 원칙들이 담겨 있다. 어떤 협정은 원칙들이 엄숙하게 선포되어 있지만 너무 모호하고 일반적으로 기술되어 있어서 국내에서는 법적 효과가 전혀 없다. 반면 다른 협정은 법적 조약으로 나열된 원칙들이 당사국의 국내법에서 직접효력이 있을 정도로 충분히 명확하게 규정되어, 그 범위 안에 있는 다양한 사회보장체계들 사이에 일정한 조화를 창출한다. 하지만 어떤 원칙을 명시한 국제적 또는 초국가적 협정이 실제로 전자에 속하는지 아니면 후자에 속하는지 판단하는 것이 항상 쉽지는 않다.

원칙을 명시한 협정에서는 대개 최소치, 예를 들어 사회보장체계에 의해 보호받아야 하는 최소인원이나 특정 사회보장급여의 최소금액 등을 정한다. 아주 예외적으로, 회원국이 마음대로 더 높은 수준의 사회적 보호를 보장할 수 없도록 하는 기준조화(standard harmonization)를 채택하는 경우가 있다. 어떤 형태의 차별(예를 들어, 성별을 이유로 한 차별)을 근절하려는 원칙을 담은 협정 역시 꽤 중요하다.

국가가 어떤 국제법상의 원칙을 승인하겠다는 동기를 갖는 이유는 아주 다양하다. 어떤 경우에는 사회보장원칙 중 일부가 근본적으로 인권으로서의 의미가 있다는 점을 부각하면서, 사회적 평화와 사회적 발달이 결여되면 국가 간 평화가 저해될 수 있다는 점을 강조한다. 다른 한편으로, 경제적 교류가 많은 국가라면 자국의 (노동)인구에 대한 사회적 보호를 용납할 수 없는 수준으로 낮추는 방식의 경쟁을 방지하도록 협약을 맺는 것이 좋다는 점도 별로 의심할 여지가 없다.

사회보장이 주요 초점이 아닌 국제적 또는 초국가적 협정이, 그럼에도 불구하고 때로 사회보장을 위해 매우 중요할 수 있다. 국제인권조약이 그 훌륭한 예이다. 국제인권조약에서 선언된 기본적 권리와 자유가 사회보장 내에서도 역시 의미를 가져야 마땅함은 말할 필요도 없다. 이보다 더 어려운 쟁점은 일차적으로 경제적인 내용을 담고 있는 국제적·초국가적 법적 협정들, 예컨대 자본이나 서비스의 자유이동을 보장하는 협정들을 사회보장에 대한 제약 없이 적용할 수 있는지이다.

초국가적 법적 협정과 국제적 법적 협정의 구분　지금까지는 초국가적 법적 협정과 국제적 법적 협정을 구분하지 않았다. 초국가적 법적 협정은 국가들이 승인한 초국가조직의 권한 있는 기구에서 만든다. 가장 잘 알려진 것이 유럽공동체(European Community)의 규칙(regulation)과 명령(directive)으로서, 유럽공동체 회원국들의 사회보장체계를 규칙을 통해 조정하고 명령을 통해 조화를 도모한다. 국제적 법적 협정은 국가들 (또는 국제공법상의 법인들) 사이의 조약이나 기타 협약으로서, 이로써 사회보장의 일정 부분을 상호계약을 통해 규율한다. 이런 조약이나 협약이 두 국가에 대해서만 구속력을 가지는 경우에 이를 양자 간 조약 또는 협약이라고 부른다. 그 이상의 여러 국가에 대해 구속력이 있는 경우에는 다자간 조약 또는 협약이라고 한다. 조정이 양자 간에 이루어질 수도 있고 다자 간에 이루어질 수도 있다. 원칙들로 구성된 협정은 대개 다자간 협정이다. 가장 중요한 다자간 사회보장협정들은 사회보장을 (함께) 담당하는 국제기구에서 준비하고 고안한다. 주요하게 국제노동기구나 유럽평의회(Council of Europe)에서 처음 만들어져 결국 많은 회원국들이 비준하게 된 여러 규약들(즉, 조약들)이 있다.

국가가 통합되거나 해체되었을 경우 나타나는 특수한 문제　어떤 국가가 더 큰 체제 속으로 통합되거나 혹은 종전의 단일국가체제가 해체되어 국가가 사라지고 그 나라의 사회보장체계가 함께 사라질 때, 국제법적으로 특수한 문제가 발생하게 된다. 이런 문제는 국가의 승계에 대한 국제법의 일반원칙에 따라 처리될 것이라고 일반적으로 가정할 수 있다.

그렇다고 더 큰 체제 속으로의 국가통합이나 단일국가체제의 붕괴가 상당한 문제를 동반하리라는 점을 부인하는 것은 아니다. 우선, 이제 사람들이 하나의 동일한 국가에 소속되고 새로운 (더 큰) 국가의 어디에나 자유롭게 정착할 수 있게 되었는데 서로 동등하지 않은 수급자격 또는 수급조건을 그대로 유지하는 문제가 있다. 종전의 단일국가가 해체되면, 하나의 동일 국가에 속해 있던 부분들을 서로 조정해야 하는 문제가 반드시 생기게 된다. 또, 어떤 급여를 위하여 마련된 기금에 대하여(특히 노령연금) 신생국가들 사이에 도저히 합의를 이루지 못하고 그중 하나나 몇몇 국가들이 기금을 차지하는 추가적인 문제가 발생하기도 한다. 덧붙여, 국가의 통합이나 해체 두 경우 모두, 종전 기관과 신생 기관 사이에 데이터 이전을 잘 해야 할 필요성과, 종전에 국제법으로 체결되었던 협정들의 향후 구속력에 대한 문제가 항상 남아 있다.

사회보장의 비교

사회보장(법) 비교의 의의 자국의 사회보장체계에서 발견되는 결함을 해결하기 위해 국가의 사회보장법을 비교해 보자는 움직임이 증가하고 있다. 또 사회보장 주제에 관한 새로운 아이디어들, 어디선가 '실험'을 거친 아이디어들을 찾기 위해 국경 너머를 바라보는 일이 점점 많아지고 있다. 국내 사회보장법의 조정과 조화를 위해 초국가적 또는 국제적 협정을 만들고 적용할 때에도 분명 상당한 비교학적 노력이 요구된다.

사회보장(법) 비교에 대한 높아가는 관심에 비추어 보면, 사회보장(법)비교라는 주제의 이론적 발달과 그 방법론적 발달에 대한 관심이 지금까지 미미한 수준이었다는 점에 놀랄 것이다.

외국 사회보장체계에 대한 지식, 외국 사회보장법에 대한 지식, 사회보장체계의 비교, 비교사회보장법이 모두 같은 것으로 취급될 때가 많다. 이 네 가지가 서로 밀접하게 관련되어 있기는 하지만, 그럼에도 불구하고 구분을 해야 한다. 외국 사회보장(법)에 대한 지식은 보다 심도 있는 비교를 위한 기초가 될 수 있지만 분명 비교라고 할 수는 없다. 반면, 외국 사회보장(법)을 잘 기술한다는 것은 자국의 체계에 대한 이해를 전제로 하므로 따라서 비교학적인 이해를 전제로 하게 된다. 사회보장체계의 비교는 사회보장법의 비교 없이는 할 수 없다. 법규가 분명 사회보장의 동맥이기 때문이다. 반면, 사회보장체계가 운영되고 해석되는 비법률적 맥락을 비교학적 시각으로 보지 않고서는 사회보장법제를 비교할 수 없다. 달리 말하면, 사회보장체계의 비교 없이는 비교사회보장법이 있을 수 없다.

사회보장(법) 비교에서는 대개 특정 시점에 여러 국가에서 시행되는 사회보장제도들을 살펴본다. 국제(법)비교[inter-national (law) comparison]인 것이다. 그러나 지역 단위나 기타 지리적 하부 단위 사이에서도 사회보장(법)들을 서로 비교할 수 있고, 같은 국가 내에서 특정 시점에 유효한 여러 직업군들을 서로 비교할 수도 있다. 이런 경우 국내(법)비교[internal (law) comparison]라고 할 수 있다. 마찬가지로, 초국가적 또는 국제적 사회보장협정들을 비교할 수 있다. 이를 국제공법비교(public international law comparison)라고 할 수 있다. 마지막으로, 시간적으로 다른 시기의 사회보장(법)을 비교할 수 있다. 이를 시점 간 (법)비교[intertemporal (law) comparison]라고 할 수 있다. 이것은 사회보장(법)의 역사와는 구분되어야 한다. 어떤 경우에는, 사회보장(법)에 대한 국제비교, 국내비교, 국제공법비교, 시점 간 비교를 조합함으로써 의미있는 결과를 도출할 수도 있다.

사회보장(법) 비교의 방법 사회보장(법) 비교의 고유한 방법론은 아직 발전의 여지가 많지만, 몇 가지 기본토대를 제시하면 다음과 같다.

우선, 비교를 할 때 온갖 민족중심적 사고를 반드시 배제하여야 한다. 하지만 안타깝게도 대개 자신이 속한 (익숙한) 사회보장(법)체계의 개념, 문제, 분류로부터 시작하여 전체적인 비교가 이루어지는 것이 현실이다. 이렇게 되면 다른 사회보장(법)체계는 그 사람의 사회보장(법)체계에 대한 관점 속에서 개념화되어, 결국 사실에 대해 색안경을 끼고 보게 되는 결과를 만든다. 이런 식의 접근을 하게 되면 질문을 구성하는 방식에 따라 그 사람이 속한 제도가 그중에서 가장 좋다거나 가장 나쁘다는 등을 '입증'하게 되므로, 당연히 아주 바람직하지 않다.

그러므로 좋은 사회보장(법) 비교는 사건을 외생적(exogenous)으로 설명하는 것으로부터 시작한다. 비교대상인 어떤 제도나 체계와 관계 없는 용어와 개념으로 비교주제를 형성하는 것이다. 예를 들어, 여러 국가의 장애연금을 비교하는 것이 아니라 영구적 노동능력상실일 때 지급되는 소득대체급여를 비교한다. 또는 더 나은 방법으로, '노동능력상실'이라는 용어를 사용하지 않고, 질병이나 사고로 인한 노동시장에서의 소득창출능력 감소라는 식의 묘사를 사용한다.

비교에 사용될 질문을 외생적으로 만들어야 한다고 해도 그렇게 하는 것이 간단치 않고 심지어는 제대로 잘 하는 것이 불가능할 수 있다는 것도 분명하다.

사회보장(법)의 비교연구에서 가장 중요하고 종종 가장 어려운 문제는 비교하려고 하는 제도들 모두에 적용되는 공통된 질문패턴을 끌어내는 작업일 때가 많다. 제대로 된 질문을 아주 최초에 외생적으로 구성하는 것이 이후 (법)비교 성공의 열쇠이다.

말이 나온 김에, 비스마르크 방식의 사회보장접근을 채택한 국가와 베버리지 방식을 채택한 국가를 구분하는 전통적인 접근이 사회보장(법) 비교에서 항상 적절한 것은 아님을 짚고 넘어가고자 한다. 사회보장(법) 비교를 하면서 어떤 법의 '계파'를 실제로 구분해 내기란 불가능하다. 서로 다른 국가의 사회보장(법)체계를 비교할 때에는 구체적인 비교주제에 따라 매번 새롭게 분류하는 것이 가장 좋다.

체계 내적 비교의 중요성 나아가 사회보장(법)을 비교할 때, 어떤 고립된 (외생적) 기준비교점에 따라 각국의 제도들을 조사하고 비교하는 것에 그쳐서는 안 된다. 각 국가마다 질문에 대한 응답들끼리 어떻게 서로 연관되어 있는지도 조사해야 한다. 사회보장(법)체계를 비교하면서 그 안에 이런 '체계 내적 비교' 결과를 포함시킬 수 있고 포함시켜야 한다. 이렇게 하면 다양한 국가들의 응답을 각 질문별로 단순 비교했을 경우보다 훨씬 더 풍부한 결과를 얻게 된다.

질적(법)분석을 하려면 국내용으로 만들어진 원본자료에 접근할 수 있어야 한다. 많은 저자들이 국제적 용도로 쓰고 말할 때 국내에서 말할 때보다 덜 비판적인 태도를 취해야 한다고 느끼기 때문이다. 마찬가지로 이런 사회보장법 비교에서는 관련 법문서와 판례 자체를 가지고 작업하는 것이 좋다. 그럼에도 불구하고 물론 언어 문제로 외국의 체계에 대한 접근(불가능)의 문제가 있다. 따라서 사회보장(법) 비교를 할 때에는 종종 여러 언어를 구사하는 사람들이 팀으로 구성된다. 또 비교대상인 여러 국가의 사회보장법 전문가들을 연구에 포함시키는 것이 바람직하며, 비교연구를 구상하기 시작할 때부터 완료할 때까지 함께 하는 것이 좋다. 이렇게 하여 언어적인 어려움을 극복함은 물론, 민족중심적 왜곡도 막을 수 있다.

사회보장체계의 비교와 비교사회보장법에서는 조사대상인 사회보장(법)체계 사이의 수많은 차이점을 밝히기도 하지만 분석도 한다. 이것은 특히 '체계 내적 비교'를 통해 이루어진다. 어떤 원인과 결과를 연결시킬 수도 있고, 어떤 정책적 접근의 장단점을 밝힐 수도 있다. 비교연구를 하는 연구자에게 정책결정자들이 무리가 있거나 비현실적인 요구를 하는 경우가 종종 있지만, 연구자는 정치적 결정을 하기 위해 그 작업을 하는 것이 아니며 정치적 결정을 정당화하기 위한 것도 절대 아님을 항상 기억해야 한다. 이러한 자기통제가 비교연구자의 독립성과 과학적 진실성을 보여 주기 때문이다.

이 장 및 책을 마치며 이 장을—그리고 이 책을—마치면서 사회보장(법) 비교의 중요성을 다시 한 번 강조하고자 한다. 기초적인 사회보장(법) 비교가 없었다면 이렇게 사회보장체계의 구조와 발달에서 나타나는 개념과 원칙, 대안과 기법들에 대하여 간결한 안내를 제시하는 사회보장원칙 입문서를 결코 쓸 수 없었을 것이다. 다른 한편으로, 이 책이 향후 사회보장(법)체계의 비교를 발전시키는 뒷받침이 되고 동력이 될 수 있기를 진심으로 바란다. 여기서 멈추는 것이 아니라, 이 책이 사회보장체계와 사회보장법 연구의 발전으로 나아가는, 또한 비교사회보장과 비교사회보장법의 발전으로 나아가는―아마도 조심스러운―첫걸음이 되기를 바란다. 이 첫걸음은, 보편적 사회보장(*securitas socialis universalis*)과 사회보장보통법(*ius commune securitatis socialis*)을 차츰 정립해 나가기 위한 첫 번째 기초를 닦는 의미가 있다. 사회보장과 사회보장법에 관심이 있고, 질적 사회보장(법) 비교연구를 발전시킬 기반을 찾는 사람들이라면, 이런 또 다른 측면에 대해 무심할 수 없기 때문이다. 이것은 매력적이면서도 벅찬 도전이다. 좀 당차게 말하자면, 앞으로 사회보장을 발전시키는 데, 우리가 꿈꾸는 평화롭고, 민주적이고, 자유롭고, 연대가 있는 사회의 필수적 연결고리를 발전시키는 데 기여하는 책으로, 연구자들과 정책결정자들이 이 책을 받아들여 주기를 희망한다.

찾아보기

ㄱ

가상기간 113, 114
가상소득 95
가족급여 127, 161-163
가족수당 27, 86, 161, 212
가족연금 116
거주기간 113
거주민 59, 60, 67, 68, 91, 143, 162, 170,
    171, 186
고령 181, 182, 211
공동가구 94, 95, 103, 124
공무원 62, 63, 147, 202
공법 29, 30, 50
공제보험 30
과세소득 96, 163, 206
과소비 173-175
구직 149
국가보건서비스 60, 171, 173
국내법 244
국적 65, 68
국제노동기구 23, 74, 75, 248
국제법 166, 244, 247-249
국제인권조약 247
국제적 법적 협정 248
기능적 분권화 50, 52, 54
기본권 42, 225, 226, 239, 240
기본소득 33
기여금 29, 50, 59, 64, 65, 80, 114, 118, 198-
    206, 209
기준인 132-135
기준조화 247

ㄴ

낙인 193
노동능력상실 25, 75, 78, 80, 81, 86, 132-
139, 140, 142, 143, 153
노동능력상실의 원인 141
노동능력상실의 정도 135, 136, 138, 139
노동조합 51, 52
노령 25, 86, 108, 109
노령연금 32, 33, 35, 100, 108, 111-113, 115,
    117, 118, 126, 127, 136, 138, 155, 211

ㄷ

단체노동협약 30
단체협약 43, 98, 110, 119, 172
대기기간 153, 174
대체보험 178
데모그란트 32, 33, 91, 95
데이터관리 49
데이터뱅크 238, 239
돌봄 23, 85, 91, 162, 182, 184, 208, 211
돌봄제도 109, 184, 186

ㅁ

목적세 207
미등록 이주노동자 69-71
민간 167, 168, 170, 172
민간기구 50, 52
민간보험 28, 30, 52, 98, 128
민간의료보험 177, 178
민법 27
민족중심적 254, 256
민주적 42, 43
민주주의 42

ㅂ

반사적 권리 31, 189, 220
범주적 부조제도 67, 189, 190, 194
법원 124, 150, 218, 229, 230

법치주의 216
베버리지 34, 35, 255
보건의료 25, 26, 67, 69, 76, 78, 80, 81, 91,
    166-172, 174, 183, 194, 198, 208, 211,
    212, 245
보건의료 제공자 168, 169, 171-174, 176
보상 90
보편성 72
보편적 163, 170, 189
부과방식 111, 209, 211
부분적 실업 152
부분적 퇴직 117
부양 122, 124, 127, 191, 193
부정수급 224, 232, 233
부조급여 91, 123
부조기준지 68
북유럽식 35
분권화 46, 50, 52-55
분배 50, 53, 58
분산화 46, 50, 53
불평등 103, 123
비교사회보장법 252, 256, 257
비국민 71
비례성의 원칙 229, 237, 240
비수급 100
비스마르크 34, 35, 255
비정기적 부조 194
비혼 103, 236
빈곤 68, 77, 188, 228

ㅅ
사망 25, 122
사법적 보호 45, 56, 216, 218
사생활 226, 236-238
사회국가 38, 39
사회국가원칙 39
사회보상 31, 32
사회보장 22-28, 32, 38-40, 45, 58, 74, 76,
    188, 240

사회보장급여 31, 33, 53, 55, 72, 82, 87, 129,
    198, 205, 211, 219, 225-227, 236, 237,
    245
사회보장법 62, 88, 198, 220, 224, 232, 233,
    245, 252, 253, 256
사회보장(법) 비교 252-256
사회(보장)법원 218-220, 230
사회보장소송 219
사회보장행정 48-51, 53, 56
사회보장협정 246, 248, 253
사회보험 22, 29-33, 39, 71, 76, 91, 95, 146,
    184, 206, 240
사회부조 22, 29-33, 39, 44, 76, 95, 126,
    146, 170, 183, 184, 189, 192, 193, 198,
    206, 212, 228, 231, 240
사회적 기본권 38, 40
사회적 수익 207
사회적 위험 23-25, 27-30, 32, 33, 71, 74,
    82, 84-86, 88, 90, 99, 109, 181, 183,
    208, 213, 229
사회적 최소수준 40
산업분야 63
산업재해 52, 71, 76-78, 80, 128, 141, 142,
    175
선별성 72
선별적 163, 237
세금 29, 34, 97, 163, 200, 203, 212, 213
세대 간 연대 72, 212
세대 내 연대 72
소득대체 70, 80, 98, 108, 123, 126, 136,
    156, 161, 205, 212
소득대체급여 34
소득창출능력 133-136, 142
손해배상 87, 218
스칸디나비아식 35
시간제 일자리 152, 153
시설입소 183
신뢰보호 102
신뢰보호의 원칙 240

실업 25, 147-149, 152, 211, 228
실업급여 86, 123, 146, 149-151, 153-156
실업보험 147, 150, 154-156, 239
실업부조 146, 147, 155, 239

ㅇ
아동급여 33, 70, 158-160, 162
아동수당 101, 206
양심적 거부 241
연공연금 108, 115
연대 25, 28, 30, 32, 33, 58, 72, 74, 212, 240
연방 41, 45, 46, 54
예방 27, 80, 90, 140
예산 34, 176, 198, 199
옴부즈퍼슨 56, 221
외생적 254, 255
요양 161, 183
요양보험 82
요양시설 183, 185
위헌성 220
유족 83, 84, 123-128
유족급여 76, 78, 123-128
유족연금 32, 66, 80, 126, 127, 138
은퇴연령 86, 111, 112, 114, 115, 118, 125,
        127, 150, 155
의료보험 67
의료부조 170, 194
의사입법 44
의존 85, 180-183
의존제도 184-186
이용자부담 171, 174, 175, 178, 208
인간다운 생활 25, 76, 92, 110, 188-191,
        193, 194, 231
인권 69, 170, 226, 247
인적 손상 24, 26, 27
일반적 부조제도 67, 146
일사부재리의 원칙 231
일할 의지 150, 155, 191
임금소득자 62, 63

임신·출산 76, 81
입증책임의 분배 219

ㅈ
자동재조정 93
자산조사 27, 30-32, 95-97, 126, 146, 155,
        162, 190, 192, 236
자영업자 62, 139, 147, 201, 202
자유 44, 168, 177, 225, 226, 236
잔존효과 66
장례급여 66, 128
장애 143
장애급여 137, 138
장애연금 32
장애인 86, 181, 189
재량권 44
재분배 72, 111, 118, 158
재원조달 39, 45, 199, 204, 206, 208, 212
적당한 일자리 133, 148, 149, 154, 192
적립방식 111, 209, 211
적용범위 58, 59
적응급여 84, 123, 124
정기적 111, 129, 159, 160, 185, 193
정보 225, 237, 238
정부보조금 199, 203, 204, 206
정액 91, 111, 112, 117
정액급여 91-93
제3자 책임 87
제도보장 39, 40
제재 151
조세지출 27, 213
조세체계 27, 33
조정 245, 248, 249
조정협정 245, 246
조화 247, 248
존엄성 69, 195, 231
종교 103, 150
종교 및 표현의 자유 239
주관적 권리 31, 40, 42, 45, 189, 198, 220

주민보험 59, 60
중복수급 97, 119
지리적 분권화 50, 52-54
직업병 76, 78, 79, 128, 140-142, 175
직장사회보험 60-64, 66
질병 79, 80, 132, 143
질병급여 137-139, 209
질적(법)분석 255
징수 50, 53, 203, 205, 212, 232

ㅊ
차별 102, 161, 245, 247
참여 55
책임 124, 142, 148, 149, 175-177, 191, 193,
  227
처벌 104
청문 216
초국가적 법적 협정 248
최고령 182
취득한 권리 40, 64, 101, 119

ㅌ
통합 98, 181, 189, 192, 212
퇴직연금 108, 116, 117, 136

ㅍ
파생된 권리 67
판례 44, 80, 238, 256

판사 218
평등 45, 65, 102, 103, 167, 170, 171, 217
피부양자 94, 111, 116, 155

ㅎ
합리성의 원칙 237, 240
행정기구 39, 48, 50, 51, 53, 220, 221, 225,
  227, 239
행정법원 218
행정불복제도 217
행정적 제재 105, 227-231, 233
허용되는 노동 116
헌법 38-41, 45, 54, 244
현금급여 23, 26, 27, 33, 91, 185
현금부조 193
현물급여 23, 33, 70, 185
현물부조 193
현물지급 173
협력의무 225, 226
형사적 제재 224, 230, 231, 233
혼인 103, 124, 125, 236
확정급여 209
확정기여 198, 209
환급체계 173
환수 86, 227, 229, 231
회복 26, 27, 90, 140
휴면 가입자 66